SUÈDE
GUIDE DE VOYAGE
2024

EVAN G. ANDERSON

D1717739

GUIDE DE VOYAGE SUÈDE 2024

Expériences mémorables : votre guide incontournable de la Suède, y compris les principaux sites touristiques, les sentiers battus et les informations locales

JUSQU'À

EVAN G. ANDERSON

TABLE DES MATIÈRES

PRÉSENTATIONS DE LA SUÈDE

Vue d'ensemble géographique

La Suède est le cinquième plus grand pays d'Europe et le plus vaste de la région scandinave. Niché dans la partie nord de l'Europe, il partage sa frontière occidentale avec la Norvège et touche la Finlande au nord-est.

Le pays est également entouré d'une variété de voisins maritimes, notamment l'Allemagne, la Pologne, la Russie, la Lituanie, la Lettonie et l'Estonie. La Suède possède un impressionnant 2 000 miles de côtes, dont une grande partie est caressée par la mer Baltique, ajoutant à son terrain varié et évocateur.

Le cœur de la Suède : Estocolmo

Les 25 provinces suédoises abritent l'impressionnante région de Laponie, au nord, dont une partie est si exceptionnelle qu'elle a été classée au patrimoine mondial de l'UNESCO. Plus au sud se trouve Stockholm, la capitale de la Suède et la zone urbaine la plus peuplée des pays nordiques, qui regorge de richesses culturelles et sert de centre politique et économique du pays. Cette charmante ville est répartie sur quatorze îles qui font partie du vaste archipel de Stockholm.

Découvrez la beauté naturelle de la Suède

La campagne suédoise est parsemée de collines, de montagnes imposantes et d'une abondance de lacs et de ruisseaux. Le plus grand lac, le lac Vänern, est connu internationalement pour son importance pour diverses espèces d'oiseaux. La géographie du pays est incroyablement diversifiée, englobant tout, de la toundra et des chutes d'eau en cascade aux rivières glaciaires et aux forêts de pins luxuriantes.

Près de la frontière avec la Norvège se trouve la chaîne de montagnes scandinave, qui abrite le plus haut sommet de Suède, Kebnekaise, qui atteint une hauteur majestueuse de 6 903 pieds, soit près de deux fois la taille du plus haut gratte-ciel du monde, le Burj Khalifa.

La Suède est un paradis pour ceux qui aiment faire de la randonnée, de la marche ou simplement être à l'extérieur. Étonnamment, 97% de la Suède est inhabitée et offre de vastes espaces naturels qui attendent d'être découverts. Près d'un dixième de la superficie du pays est protégé dans des parcs nationaux et des réserves naturelles. La Suède a été pionnière dans la conservation de la nature et a créé le premier parc national d'Europe en 1909.

Aujourd'hui, le pays est parsemé de 30 parcs nationaux et de plus de 4 000 réserves, qui sont tous protégés par le concept suédois d'Allemansrätten, le « droit d'accès public ». Ce droit permet à chacun de profiter librement du paysage, ce qui permet d'explorer des joyaux tels que la Laponie, le parc national de Fulufjället et le parc national de Kosterhavet.

Bref d'histoire et de culture

La Suède est l'un des pays les moins peuplés d'Europe, avec moins de 10 millions d'habitants. Historiquement, la population était rurale, mais avec l'industrialisation du XXe siècle, de nombreux Suédois ont migré vers des villes telles que Malmö, Göteborg et Stockholm.

Dans les années 1930, la Suède a été la pionnière d'un système de protection sociale complet, souvent appelé le « modèle suédois ». Ce système garantit à chaque citoyen suédois l'accès aux soins de santé financés par l'État, aux allocations de chômage, à la garde d'enfants, à l'éducation, aux soins aux personnes âgées et à au moins cinq semaines de congés payés par an.

Les premiers colons sont arrivés en Suède il y a environ 10 000 ans et vivaient principalement comme chasseurs-cueilleurs. Dans les premiers siècles de notre ère, ils commerçaient avec l'Empire romain. Le nom du pays, la Suède, dérive de la tribu dominante Svea qui est arrivée au pouvoir en 500 après JC.

La tribu Svea est devenue plus tard célèbre sous le nom de Vikings, un terme qui signifie « pirate » dans une ancienne langue nordique. Certains de ces Vikings suédois étaient connus pour attaquer les territoires qu'ils avaient conquis puis s'être installés, tandis que d'autres avaient amassé des richesses grâce au commerce et à la vente d'esclaves.

La gouvernance de la Suède a évolué depuis l'élection des rois jusqu'à l'établissement d'une monarchie héréditaire en 1544, lorsque le parlement a changé le système. Ce changement s'est poursuivi jusqu'à ce que le roi Gustave IV abdique après avoir perdu la Finlande au profit des alliés de Napoléon en 1809. Tout au long de son histoire, la Suède a exercé sa souveraineté sur la Finlande et la Norvège.

La Suède a une riche histoire qui s'étend sur plus d'un millénaire en tant qu'État indépendant, bien que ses frontières aient fluctué jusqu'en 1809. À l'heure actuelle, il s'agit d'une monarchie constitutionnelle dotée d'une solide démocratie parlementaire qui remonte à 1917.

La nation est connue pour son uniformité ethnique et religieuse, mais l'immigration récente a apporté avec elle un certain degré de diversité. Après des débuts modestes, la Suède est devenue une société très développée dotée d'un État-providence enviable, affichant l'un des niveaux de vie les plus élevés et l'une des espérances de vie les plus élevées au monde.

La Suède a depuis longtemps abandonné son histoire de conquête militaire et adopte maintenant une position neutre dans l'équilibre entre les différentes forces idéologiques et politiques du monde. Cette approche pacifique a valu aux diplomates suédois une grande réputation depuis 1814 et a souvent joué un rôle important au sein des Nations Unies. La politique étrangère de la Suède, qui a été constante depuis la Seconde Guerre mondiale, met l'accent sur « le non-alignement en temps de paix, qui vise à la neutralité en temps de guerre ».

Climat et météo

Environ 15 % de la Suède se trouve au-dessus du cercle polaire arctique, où, de fin mai à mi-juillet, le soleil ne se couche jamais et baigne le nord dans une lumière du jour constante. Même à Stockholm, qui se trouve plus au sud, les nuits ne sont sombres que pendant une courte période.

En revanche, Stockholm n'a que 5,5 heures de lumière à la mi-décembre, tandis que l'extrême nord, comme la Laponie, doit endurer près de 20 heures d'obscurité avec seulement un bref crépuscule.

Malgré sa situation à des latitudes similaires à celles du Groenland et de la Sibérie, la Suède bénéficie d'un climat relativement doux. L'air chaud de l'Atlantique, réchauffé par le courant de l'Atlantique

Nord, est apporté par des vents du sud-ouest, ce qui donne un temps doux mais imprévisible.

D'autre part, les systèmes de haute pression continentale de l'est apportent un ciel clair, ce qui entraîne des étés chauds et des hivers glaciaux. Ces différentes influences de l'Atlantique et du continent entraînent des changements climatiques.

La longueur de la Suède du nord au sud, associée au relief plus élevé du nord, crée de forts contrastes régionaux en hiver. L'intérieur du nord est couvert de neige jusqu'à huit mois et connaît un froid glacial avec des températures allant de -30 à -40 °C (-22 à -40 °F). Par exemple, à Haparanda, à l'extrémité du golfe de Botnie, le mois de janvier est en moyenne de -12 ° C (10 ° F) et le golfe lui-même est gelé de novembre à mai.

Dans le sud, les hivers sont plus erratiques, avec des chutes de neige sporadiques et des températures en janvier allant de 23 à 32 °F (-5 et 0 °C). Les eaux côtières gèlent rarement ici.

Les températures estivales ne fluctuent pas beaucoup, bien que les étés soient beaucoup plus courts dans le nord. Par exemple, le printemps en Scanie apparaît en février, mais n'apparaît qu'à la fin du mois de mai dans la partie la plus septentrionale du Norrland et arrive souvent presque du jour au lendemain. En juillet, des températures moyennes de 15 ° C (59 ° F) sont enregistrées à

Haparanda, tandis que Malmö et a quelque chose de plus chaud, plus chaud 17 ° C (63 ° F).

La deuxième moitié de l'été et de l'automne a tendance à être la plus humide, mais la pluie est invitée toute l'année, avec des moyennes annuelles d'environ 600 mm (24 pouces).

Pour parler de la météo en Suède, imaginez qu'elle est divisée en trois parties : le centre et le sud de la Suède, le nord-est et l'extrême nord. Le centre et le sud de la Suède ont des hivers plus courts qui sont encore assez frais, et des étés qui pourraient vous rappeler le sud de l'Angleterre, mais avec beaucoup plus de soleil et de lumière du jour.

Le Nord-Est a des hivers rigoureux qui s'intensifient au fur et à mesure que vous allez vers le nord, mais les étés peuvent être étonnamment chauds.

Dans l'extrême nord, les hivers sont rudes, avec de la neige à des altitudes plus élevées toute l'année et des étés courts et instables. En raison de la latitude élevée de la Suède, elle connaît des journées extrêmement longues en été et des nuits tout aussi longues en hiver.

Meilleur moment pour visiter

La Suède, joyau de la Scandinavie, offre une variété étonnante de paysages, des forêts boréales luxuriantes et des glaciers glacés à la vie urbaine animée de Stockholm et aux villages de pêcheurs pittoresques. C'est toujours un bon moment pour explorer la Suède.

Si vous recherchez des températures confortables, pensez à vous y rendre entre mai et septembre. Ces mois offrent des heures d'ensoleillement prolongées et une nature en pleine floraison. Pour éviter la cohue estivale et éventuellement économiser de l'argent, vous pouvez sauter la haute saison. Les amateurs d'hiver, quant à eux, en auront pour leur argent avec le ski et le traîneau à chiens.

En fin de compte, c'est au voyageur de décider ce qu'il veut poursuivre, car la Suède offre une pléthore d'expériences tout au long de l'année.

Haute saison en Suède

Le pic de l'activité touristique en Suède se situe entre le milieu et la fin de l'été. Cette période se caractérise par un temps doux et une variété de célébrations en plein air, y compris un plongeon dans les plages immaculées de Suède, dont certaines accueillent ceux qui préfèrent une expérience de plage plus naturelle.

Le mois de juin offre un emplacement idéal avec moins de monde, des événements amusants en plein air tels que les célébrations du solstice d'été, des températures agréables et la lumière du jour prolongée du célèbre soleil de minuit.

Les mois de mai et juillet sont également idéaux pour ceux qui aiment les aventures en plein air. Gardez à l'esprit que le mois de mai a tendance à être plus pluvieux que le mois de juin, et bien que le mois de juillet soit plus chaud, il attire également plus de visiteurs et s'accompagne d'une légère augmentation des prix. Ces mois d'été marquent le pic de la saison touristique en Suède et dans toute la Scandinavie.

Le moment optimal pour les aurores boréales

Les aurores boréales, ou aurores boréales, sont un spectacle à couper le souffle créé par des électrons qui courent le long du champ magnétique terrestre et entrent en collision avec les gaz atmosphériques, créant un spectacle de lumière envoûtant.

Alors que la Norvège est souvent sous les feux de la rampe pour avoir repéré les aurores boréales, la Suède offre ses propres points de vue lorsque le temps le permet. La saison de cette merveille naturelle s'étend de fin septembre à avril. Pendant les mois ensoleillés d'avril à août, le soleil de minuit apparaît et éclipse les aurores boréales.

Si vous vous dirigez vers le nord, vos chances de voir les aurores augmentent et les zones allant de Jokkmokk à la frontière norvégienne sont des endroits privilégiés. Cependant, pendant les périodes d'activité solaire intense, les lumières peuvent parfois être repérées aussi loin au sud que Stockholm et Göteborg.

CHAPITRE 1 : PLANIFIEZ VOTRE VOYAGE

Exigences en matière de visa et d'entrée

D'accord, donc si vous prévoyez de voyager en tant que touriste, vous devrez rassembler des documents spécifiques. Tout d'abord, vous devez remplir et signer un formulaire de demande. Il y a un lien vers ce formulaire juste en bas de cette page pour que vous ne puissiez pas le manquer.

Ensuite, vous aurez besoin d'une photo récente en couleur de vous-même. Assurez-vous que si vous êtes un gentleman, il s'agit d'un plan complet avec la tête découverte et qu'il doit avoir un fond blanc.

Parlons de votre passeport. Il vous suffit de fournir une photocopie de la page d'informations biométriques et de tout visa Schengen antérieur que vous avez eu. Votre passeport actuel doit comporter au moins deux pages vierges et ne peut expirer que trois mois après votre retour prévu de voyage. Si vous avez eu un passeport au cours des 7 dernières années, vous devrez également l'apporter avec vous.

Dans certains cas, vous aurez besoin d'un certificat de déménagement, notamment si vous voyagez pour la première fois, si votre passeport ne couvre pas les 7 dernières années, ou s'il y a plus de trois mois entre votre passeport actuel et votre ancien.

Pour ceux d'entre vous qui ont un emploi, vous aurez besoin d'une attestation de votre employeur. Il doit mentionner la date à laquelle vous avez commencé là-bas, l'intitulé de votre poste, le salaire, la raison de votre voyage et confirmer que vous avez approuvé le congé.

Propriétaires d'entreprise, vous êtes les prochains. Vous devez vous munir de l'original et d'une copie de votre registre du commerce et de votre fiche d'impôt et vous assurer qu'ils sont traduits.

Étudiants, ne croyez pas que je vous ai oubliés. Vous devrez prouver que vous êtes inscrit dans une école ou une université.

Les relevés bancaires sont les suivants. Vous devez fournir les originaux des six derniers mois. Si vous n'avez pas de compte bancaire, vous devrez fournir une preuve d'autres actifs.

N'oubliez pas votre réservation de billet aller-retour. Une réservation principale est requise, ainsi qu'une confirmation de réservation d'hôtel ou une sorte de preuve d'hébergement.

L'assurance maladie de voyage est très importante. Elle doit couvrir l'intégralité de votre séjour, être valable pour tous les pays de l'espace Schengen et couvrir au moins 30 000 € pour des raisons telles que le rapatriement pour raisons médicales, les soins d'urgence, les soins hospitaliers d'urgence ou, dans le pire des cas, le décès.

Pour les plus jeunes, les mineurs doivent apporter leur acte de naissance, à la fois l'original et une copie, et celui-ci doit être traduit.

Si un mineur voyage sans son tuteur légal, les deux parents ou le tuteur légal doivent être d'accord. Celui-ci doit être signé devant un agent VFS Global. Cependant, si un parent se trouve dans un autre pays, il doit se rendre à l'ambassade de Suède la plus proche pour signer le mmm.

Si le mineur voyage avec un tuteur légal, l'autre parent ou tuteur légal doit également donner son consentement en suivant la même procédure.

Si vous vous déplacez entre différents États membres, vous devrez préciser votre itinéraire.

Oh, et si l'un de vos documents est en arabe, vous devrez le faire traduire en anglais ou en suédois.

Budgétisation et change de devises

Quel type d'argent utilisent-ils en Suède ? Eh bien, la Suède travaille avec la couronne suédoise (SEK), qui est divisée en 100 öre. Vous trouverez des billets de banque en coupures de 20, 50, 100, 200, 500 et 1 000 couronnes, et les pièces de monnaie en pièces de 1, 2, 5 et 10 couronnes.

Vous vous demandez s'il y a un plafond sur le montant d'argent que vous pouvez apporter en Suède ? Non, il n'y en a pas. Cependant, ne vous attendez pas à pouvoir utiliser des euros ou d'autres devises étrangères en espèces là-bas, car la Suède n'a pas adopté l'euro.

Il est important de noter que certains anciens billets et pièces de monnaie ne sont plus valables, en particulier les versions antérieures des billets de 20, 50 et 1 000 couronnes et la plupart des pièces d'avant 2017.

Lorsqu'il s'agit de dépenser de l'argent, la Suède est à peu près un pays des merveilles sans argent liquide. L'argent liquide est un spectacle rare, car même les banques n'ont plus grand-chose à voir avec cela. Au lieu de cela, les paiements par carte et mobiles sont rois, les transactions sans contact étant très courantes.

Si vous envisagez d'utiliser votre carte de crédit en Suède, il vous suffit de vérifier auprès de votre fournisseur de carte pour connaître les frais d'utilisation internationale. N'oubliez pas qu'en Suède, vous aurez besoin d'une carte à puce et d'un code PIN. Les anciennes bandes magnétiques ne suffisent plus.

Besoin de mettre la main sur de l'argent ? Les distributeurs automatiques de billets, connus localement sous le nom de « guichets automatiques » ou « distributeurs automatiques Uttags », sont votre premier choix et fonctionnent avec les cartes Visa, MasterCard, Maestro ou Cirrus. Gardez à l'esprit que votre banque peut vous facturer des frais minimes pour les retraits.

Si vous atterrissez en Suède en avion, vous apercevrez probablement un distributeur automatique de billets à l'aéroport, comme en Estocolmo Arlanda ou Göteborg Landvetter. Alternativement, il existe des bureaux de change tels que Forex/X-change, où vous pouvez échanger vos dollars, euros ou livres sterling contre des couronnes. C'est toujours une bonne idée de vérifier d'abord les prix en ligne !

Vous voyagez en Suède avec un visa ? Assurez-vous d'avoir au moins 450 SEK pour chaque jour de votre séjour, conformément aux directives de l'Office suédois des migrations.

Maintenant, si vous pensez aux chèques de voyage ou si vous souhaitez échanger votre devise locale, Forex Bank est l'endroit idéal pour plus d'informations.

Et parlons des paiements mobiles. En Suède, l'application Swish est très populaire pour les paiements rapides et les opérations bancaires. Pour l'utiliser, vous avez besoin d'un compte bancaire suédois et d'un numéro d'identification personnel (personnummer), car il est lié à ce que l'on appelle un « BankID ». Vous voulez savoir quelles sont les banques qui proposent BankID ? Il suffit de consulter leurs sites Web pour obtenir plus d'informations.

Et voilà, comme l'argent roule au pays des Suédois !

Transport

La Suède attache une grande importance à la responsabilité environnementale, ce qui se reflète clairement dans son système de transport public respectueux de l'environnement. Que vous choisissiez les trains, les bus, les tramways ou les métros, vous trouverez un moyen fiable et écologique de voyager dans le pays.

Trains

Au cœur du système de transport public suédois se trouve le système ferroviaire, dans lequel SJ, l'opérateur ferroviaire national, relie rapidement et efficacement les grandes villes et les centres régionaux. Le train à grande vitesse X2000 traverse le pays à une vitesse vertigineuse, tandis que les trains régionaux offrent des promenades tranquilles à travers des villages et des campagnes pittoresques.

Vous pouvez acheter des billets pour SJ et d'autres fournisseurs sur leurs sites Web, tels que SJ.se pour les trains SJ. Les prix des billets fluctuent en fonction de l'itinéraire, de la classe de voyage et de l'heure de réservation, et varient généralement de 200 à 600 SEK (environ 19 $ à 57 $) pour les itinéraires principaux. Si vous êtes en tournée, les pass Eurail et Interrail sont également acceptés, offrant des options de voyage polyvalentes.

Autobus

Les bus sont un élément important du réseau de transport suédois, comblant des lacunes que les trains ne peuvent pas atteindre. Les bus urbains prennent en charge les transports locaux, les bus longue distance tels que FlixBus et Swebus relient diverses villes et communautés.

Bus urbains : Ils sont largement disponibles dans les zones urbaines et peuvent acheter des billets via des applications, des kiosques ou directement dans le bus, avec des tarifs allant d'environ 30 à 40 SEK (environ 2,8 à 3,4 USD) par trajet.

Bus interurbains : Des options comme FlixBus ou Swebus sont une alternative au train à un prix raisonnable, avec des équipements tels que le Wi-Fi et des toilettes. Ils ont tendance à être plus abordables que les trains.

Tramways et métros

Stockholm dispose d'un système de métro bien développé, et des villes comme Göteborg et Norrköping ont de charmants tramways qui enrichiront vos aventures urbaines.

Métro de Stockholm : Un vaste réseau qui s'étend à travers la ville et les banlieues, avec un système de billetterie simple qui coûte environ 37 SEK (3,55 $) pour un trajet.

Les tramways de Göteborg : Le plus grand réseau de tramways de Scandinavie, offrant un moyen complet d'explorer la ville, avec des prix de billets similaires à ceux des billets de bus.

Ferries

Les ferries sont une option de transport agréable en Suède, car le littoral est vaste et il y a d'innombrables îles. Ils offrent des liaisons entre le continent et les archipels et vers les pays voisins tels que la Finlande et le Danemark.

Voyages en ferry : Essentiels pour les excursions d'île en île et les excursions côtières, avec des liaisons régulières vers des endroits comme Gotland et Öland. Le prix des billets varie en fonction de l'itinéraire et des commodités à bord.

Transport privé : La liberté du vélo

Pour ceux qui préfèrent voyager à leur propre rythme, la location d'une voiture ou d'un vélo peut offrir la liberté et la spontanéité nécessaires pour explorer la ville, en particulier hors des sentiers battus.

Voitures / Camping-cars

Si vous louez une voiture, vous pouvez créer votre propre voyage. Une variété de sociétés de location de voitures offrent tout, des petites voitures aux SUV spacieux. Faites attention aux règles de péage et de stationnement dans les zones urbaines.

Les voitures de location sont faciles à trouver et vous donnent l'autonomie nécessaire pour explorer à votre guise. Les prix journaliers se situent en moyenne entre 300 et 600 SEK (environ 20 à 57 USD). Pour obtenir des conseils de conduite, consultez le guide de la conduite en Suède.

Pour un mélange de confort et d'aventure, pensez à un VR. Ils offrent la possibilité de voyager à travers le terrain varié de la

Suède tout en ayant votre hébergement avec vous. Explorez les options et planifiez votre road trip avec Campervan Sweden.

Faire du vélo à Suecia

Imaginez-vous en train de glisser le long des pistes cyclables de Suède, entouré de paysages époustouflants - c'est ce qui attend les cyclistes dans ce pays amoureux du vélo. Avec un réseau de pistes cyclables et de pistes, la Suède offre une oasis sur deux roues pour ceux qui veulent profiter des villes et des paysages à un rythme détendu et respirer l'air pur.

Dans les grandes villes, vous pouvez facilement louer un vélo, avec des prix allant généralement de 20 à 100 SEK (environ 1,92 $ à 9,60 $) pour une heure ou une journée complète. En parcourant des endroits comme Stockholm et Malmö, vous serez immergé dans la beauté pittoresque de la Suède - le rêve de tout cycliste.

Naviguer dans le système de transport public suédois

Les transports publics suédois sont synonymes de ponctualité. Que ce soit dans les gares, les dépôts de bus ou via des services numériques, vous trouverez des horaires et des itinéraires actualisés pour vous aider à planifier vos trajets en toute simplicité.

Pour une expérience fluide, vous devez télécharger des applications comme SJ ReseApp ou Resplus. Ces outils simplifient le processus, en fournissant des horaires en direct, la planification des voyages et l'achat de billets directement depuis votre smartphone.

Voici quelques conseils :

Gardez à l'esprit que les horaires peuvent varier en fonction de la période de l'année, il est donc sage de vérifier les horaires avant de partir.

Procurez-vous des applications de transport public et utilisez-les hors ligne pour les horaires et la planification des trajets.

Prévoyez un peu plus de temps pour vos déplacements afin de tenir compte d'éventuels retards ou correspondances, surtout pendant les périodes de forte affluence.

Accessibilité des transports publics en Suède

La Suède prend l'accessibilité au sérieux et veille à ce que son système de transport public soit adapté aux voyageurs handicapés. Vous y trouverez des véhicules et des installations conçus pour répondre à tous les besoins.

Faits saillants en matière d'accessibilité :

Trains : Les trains suédois sont exploités par SJ et sont équipés de dispositifs tels que des espaces pour fauteuils roulants, des toilettes accessibles et des chemins tactiles. La plupart des **stations disposent également d'ascenseurs et de rampes d'accès faciles.**

Bus : Dans les villes, il existe des bus à accès surbaissé avec des rampes pour les fauteuils roulants, des systèmes d'information visuelle et sonore et des zones spéciales qui offrent un trajet sûr et confortable aux passagers handicapés.

Tramways et métros : Ces modes de transport sont entièrement accessibles, avec des véhicules à accès bas, des portes larges et des sièges spéciaux. Les stations sont équipées d'ascenseurs, de rampes et d'aides à la navigation tactiles.

Ferries : Des compagnies telles que Viking Line et Silja Line ont conçu leurs navires pour qu'ils soient accessibles, avec des caractéristiques telles que des ascenseurs, des rampes, des cabines et des toilettes adaptées, ainsi que des panneaux en braille pour une expérience inclusive.

Conseils pour voyager en douceur en Suède :

- Achetez des passeports à l'avance, mmm pour économiser et économiser.
- Validez toujours votre billet avant de monter dans les bus et les trams.
- Utilisez les applications de transport public pour naviguer et acheter des billets sans effort.
- Louez un vélo pour profiter de la vue de manière active et respectueuse de l'environnement.

- Faites attention aux règles de péage et de stationnement si vous voyagez en voiture.
- Détendez-vous et profitez de la balade ! Le système de transport de la Suède est conçu pour être efficace et convivial, afin que vous puissiez vous concentrer sur la création de souvenirs inoubliables dans ce pays magique.

Êtes-vous prêt à explorer la Suède ?

Que vous sautiez dans un train, que vous traversiez le pays ou que vous preniez un vélo, que vous vous frayiez un chemin à travers une ville, les transports en Suède sont conçus pour le confort, l'efficacité et le plaisir. Faites vos valises, choisissez votre moyen de transport et embarquez pour une escapade suédoise inoubliable !

CHAPITRE 2 : PRINCIPALES DESTINATIONS

Estocolmo : la capitale

Estocolmo, la plus grande ville de Scandinavie, allie harmonieusement son histoire profondément enracinée et ses paysages naturels époustouflants à l'élégance urbaine, à l'architecture moderne et à l'atmosphère vibrante caractéristique d'une ville animée. Ce mélange intrigant est enrichi par les nombreux cours d'eau de la ville, qui ajoutent une touche de charme supplémentaire.

Stockholm est plus qu'une simple capitale pittoresque. C'est un phare d'ouverture et de diversité. Il accueille la célèbre Stockholm Pride, la plus grande célébration LGBTQ+ des pays nordiques, qui attire chaque été des dizaines de milliers de personnes dans le monde entier.

La ville est un foyer d'innovation technologique et une scène de start-ups en plein essor qui rivalise avec la Silicon Valley. Les géants nationaux de la technologie tels que Spotify et Mojang Studios ont placé Stockholm sur la carte internationale.

Se déplacer dans Stockholm est un jeu d'enfant, car il est possible de marcher, de faire du vélo ou d'utiliser les transports en commun. Chaque quartier a sa propre atmosphère : Södermalm déborde de créativité, Östermalm respire la sophistication et Norrmalm vibre de vie, tandis que la vieille ville (Gamla Stan) ajoute au charme diversifié de Stockholm.

Stockholm est située sur la côte sud-est de la Suède et connaît quatre saisons distinctes. Les étés sont agréablement chauds, avec des heures d'ensoleillement prolongées, tandis que les hivers peuvent varier de doux et humides à froids et enneigés. Les parcs de la ville sont une débauche de couleurs à l'automne, et lorsque le printemps arrive, les habitants affluent pour prendre un verre dans les cafés en plein air.

Histoire d'Estocolmo

Fondée en 1252 par Birger Jarl, un homme politique suédois, Stockholm est rapidement devenue la plus grande ville du pays à la fin du XIIIe siècle, jouant un rôle central dans la politique et servant de résidence royale. Il a résisté à de nombreux sièges tout au long de son histoire.

Le roi Gustav Vasa est célèbre pour avoir reconquis Stockholm sur le roi danois Christian II, connu sous le nom de « Christian le tyran

», en 1523. Le règne de Christian II a été marqué par le tristement célèbre « massacre de Stockholm » au cours duquel il a exécuté plus de 80 nobles suédois en 1520, un événement qui a inspiré un film qui sortira en salles en 2024.

Le petit-fils de Gustav Vasa, Gustav II, a ordonné la construction du navire de guerre Vasa en 1625, qui a tragiquement coulé lors de son premier voyage en 1628. Ses restes sont aujourd'hui l'un des points forts du musée Vasa, l'un des musées les plus visités de Suède.

Pour ceux qui s'intéressent à l'histoire suédoise, les visites guidées du grand musée nordique et du palais royal, la résidence officielle du roi, sont parfaites.

Points forts du musée de Stockholm

La sélection de musées de Stockholm ravira les amateurs de culture. En plus des sites historiques, il y a aussi des joyaux culturels contemporains tels que Fotografiska avec ses expositions de photographie moderne et Millesgården, un parc de sculptures en plein air sur l'île de Lidingö.

Si vous cherchez quelque chose d'un peu plus insolite dans le centre de Stockholm, visitez le musée Hallwyl, qui était autrefois la résidence du comte et de la comtesse de Hallwyl au 20ème siècle.

Découvrez le cœur de Stockholm - de l'élégance élégante au rythme de la musique

Ne manquez pas de visiter le célèbre hôtel de ville de Stockholm (Stadshuset), qui a ouvert ses portes en 1923 et qui est connu chaque année pour le prestigieux banquet Nobel. La cérémonie elle-même a lieu au Stockholm Concert Hall (Konserthuset), la base de l'Orchestre philharmonique royal de Stockholm et un lieu de choix pour les mélodies classiques et une variété d'autres styles musicaux. C'est également là que le Polar Music Prize est décerné, qui a été créé par le manager d'ABBA, Stig Anderson.

Pour les fans du groupe pop emblématique ABBA, Stockholm est une mine d'or. Le musée ABBA est un lieu de prédilection pour tous ceux qui s'intéressent à la musique, avec un éventail de costumes de scène, d'instruments, de disques d'or et de récompenses, ainsi que de nombreux autres souvenirs fascinants. Il ne s'agit pas seulement de regarder, mais vous êtes invité à vous lancer et à interagir, à vous essayer à chanter, à danser, à mixer des morceaux et même à suivre les traces du cinquième membre du groupe.

En ce qui concerne la musique live, la scène de Stockholm regorge d'options pour tous les goûts. Découvrez de nouveaux talents à Debaser ou assistez à des spectacles de renom dans des lieux tels que la Friends Arena (bientôt rebaptisée Strawberry Arena), la Tele 2 Arena et l'Avicii Arena, qui fait peau neuve pour améliorer son statut de point de repère de la ville.

Profitez des merveilles naturelles de Stockholm - sur l'eau et sur terre

Stockholm est une ville où la nature se fond parfaitement dans la vie urbaine, avec un tiers de la superficie couverte de verdure et un autre tiers de cours d'eau scintillants.

En plein centre-ville, vous pourrez participer à diverses excursions en bateau, que vous souhaitiez faire du kayak ou du stand-up paddle. Si vous préférez vous asseoir et vous détendre, les visites guidées en bateau offrent un angle spécial pour voir la ville.

Faites un petit voyage dans le vaste archipel de Stockholm, le plus grand du pays, et vous vous retrouverez dans un nouveau monde fascinant. Prenez un ferry pour la ville pittoresque de Vaxholm avec ses belles maisons en bois et son atmosphère chaleureuse et accueillante. Promenez-vous dans les boutiques, sortez manger ou prendre un café. En été, vous pourrez rejoindre les habitants sur le front de mer et déguster des glaces maison.

Vous n'avez pas besoin de quitter la ville pour trouver une plage pour vous baigner ou pour une promenade pittoresque. Si vous êtes à la recherche de vacances dans la nature à deux pas du centre-ville, le Royal Djurgården est fait pour vous. Ce refuge verdoyant, autrefois un terrain de chasse royal, offre aujourd'hui une évasion paisible de l'agitation urbaine. D'autres endroits tels que le palais de Drottningholm et le parc Haga, avec ses maisons royales, et le jardin botanique historique de Bergius, offrent des expériences tout aussi tranquilles.

Profitez de la scène gastronomique dynamique et respectueuse de l'environnement de Stockholm

Paradis des gourmets, Stockholm offre de tout, de la cuisine gastronomique étoilée au guide Michelin aux food trucks créatifs, le tout avec un engagement croissant en faveur de pratiques respectueuses de l'environnement. Des lieux comme Lilla Ego, Solen, le restaurant deux étoiles Michelin Aira, le Hermans à base de plantes et le classique Sturehof sont célébrés non seulement pour leurs délices culinaires, mais aussi pour leur engagement en faveur de la durabilité.

Envie d'une cuisine suédoise copieuse ? Essayez Bakfickan, niché dans l'Operakällaren sur le vert Kungsträdgården. Ou visitez Kvarnen à Södermalm, un restaurant séculaire qui sert des plats suédois traditionnels tels que des boulettes de viande et l'excentrique Biff Rydberg, un délicieux mélange de bœuf, de pommes de terre et d'oignons.

Göteborg : le joyau de la Suède sur la côte ouest

Située sur la pittoresque côte ouest de la Suède, Göteborg est une ville qui dégage une atmosphère accueillante et entreprenante profondément enracinée dans un mode de vie durable, ce qui est évident dans ses diverses attractions et curiosités. Fondée en 1621 par le roi Gustave II Adolphe, cette ville dynamique est rapidement devenue une pierre angulaire des industries de la pêche et de la construction navale, devenant une pionnière dans le développement des transports.

Göteborg est le berceau de Volvo Cars et abrite aujourd'hui le World of Volvo, un centre ultramoderne où les visiteurs peuvent découvrir une sélection remarquable de véhicules classiques.

Göteborg est très fière de sa tradition de pêche, et il n'y a pas de meilleur endroit pour déguster des fruits de mer frais de première classe que dans les nombreux restaurants de fruits de mer de la ville.

Chaque fois que vous vous y arrêtez, Göteborg offre une abondance d'activités qui sont parfaites pour une escapade ou comme base pour un voyage le long de la côte ouest.

La ville est un joyau culturel car bon nombre de ses attractions ne sont qu'à quelques minutes à pied ou en tramway. Remontez un peu dans le Göteborg du XVIIe siècle dans les rues pavées de

Haga, où les boutiques et les cafés pittoresques abondent. Ne manquez pas les maisons historiques en bois de 1870 à 1940. Et pendant que vous y êtes, rendez-vous au Café Husaren dans le « Haga Nygata » pour essayer les gigantesques brioches à la cannelle, les « taureaux Haga ».

Pour plonger dans le passé fascinant de Göteborg, le musée de Göteborg dans la Maison des Indes orientales est un incontournable. On y trouve de tout, des restes d'un navire viking à la toute première voiture Volvo. Si le design est votre passion, le musée du design et de l'artisanat de Röhsska vous attend avec son mélange éclectique de reliques anciennes et de design nordique moderne.

Liseberg, un parc d'attractions centenaire situé en plein cœur de la ville, est l'une des principales attractions de Göteborg. Il propose des manèges à sensations fortes et accueille des concerts en plein air. La ville célèbre également le célèbre festival de musique Way Out West chaque année au mois d'août, qui transforme le parc Slottsskogen en un lieu festif pour la foule.

La splendeur naturelle de Göteborg n'est qu'à un pas, qu'il s'agisse de la brise marine rafraîchissante ou du vaste parc Slottsskogen, qui combine des jardins paysagers, des forêts et un zoo ouvert toute l'année. Pour ceux qui aiment la nature, le jardin botanique de

Göteborg est une plaque tournante pour les événements et les activités tout au long de l'année.

Les amateurs de randonnée peuvent commencer le célèbre sentier Gotaleden à Göteborg, qui mène à Skatås sur 6 kilomètres à travers la réserve naturelle de Delsjön. La route de pèlerinage de la rivière Göta commence également dans la ville et offre une promenade pittoresque de l'église Masthugg à Jennylund.

Les amateurs de navigation de plaisance se sentiront comme chez eux dans l'archipel de Göteborg avec plus de 20 îles réparties dans les parties nord et sud, toutes accessibles par les transports en commun et accueillant les visiteurs toute l'année.

Délices culinaires – les trésors gastronomiques de Göteborg

Niché à Göteborg se trouvent des trésors culinaires et des restaurants réputés, dont un quintette de joyaux étoilés Michelin qui cimentent sa position sur la scène gastronomique mondiale. La scène culinaire de la ville est moderne, avec un engagement en faveur d'une gastronomie respectueuse de l'environnement qui allie les goûts suédois à l'élan international.

En raison de la proximité de la mer, vous êtes parfaitement situé pour déguster certains des meilleurs fruits de mer de Suède. Ne manquez pas de visiter Fiskekrogen, un lieu de prédilection des habitants connu pour ses généreuses offres de fruits de mer.

Si vous avez envie de déguster des fruits de mer avec une touche japonaise, réservez à Vrå. Installé dans un ancien bâtiment postal datant des années 1920, ce restaurant très réputé est connu pour mettre l'huître du Pacifique d'origine locale à l'honneur dans la cuisine gastronomique suédoise.

Envie d'une fusion de la cuisine new-yorkaise et italienne ? Visitez Tavolo, situé dans une zone industrielle reconvertie dans le quartier chic de Magasinsgatan. Chez Human, vous pouvez vous adonner au meilleur de la nouvelle cuisine nordique, en mettant l'accent sur les délices océaniques et les options végétariennes. Et pour une touche moderne aux plats suédois classiques, connus localement sous le nom de « husmanskost », le menu est naturel - ils proposent également une excellente sélection de vins naturels.

Malmö : un mélange de cultures

Malmö est un centre dynamique et diversifié au cœur de la Scandinavie. Imaginez que vous dégustez les meilleurs falafels de la ville à un moment donné et que vous dégustez une cuisine étoilée au guide Michelin exquise avec des saveurs qui couvrent le monde entier l'instant d'après.

Avec plus de 350 000 habitants, Malmö est une mosaïque culturelle qui abrite des personnes de plus de 170 nations différentes. Quelle que soit votre envie, qu'il s'agisse de sites historiques, d'expériences culturelles, de plats délicieux, d'escapades passionnantes ou d'une scène nocturne animée, Malmö est faite pour vous.

Êtes-vous curieux de savoir quoi faire à Malmö ? Tout est à portée de main, non. La ville dispose d'un nombre impressionnant de 515 kilomètres de pistes cyclables qui lui ont valu la réputation d'être l'une des villes les plus accueillantes pour les cyclistes au monde. Grâce à une planification urbaine réfléchie, vous ne serez jamais à plus de 15 minutes de votre prochaine destination à vélo.

Le climat de Malmö est un peu plus doux que dans d'autres endroits suédois. Situé au bord de la mer, il y a souvent du vent, mais vous pouvez vous attendre à des étés et des hivers confortables et ensoleillés qui sont doux par rapport aux normes scandinaves.

Malmö est une ville où le charme historique rencontre l'innovation de pointe. Malmö a été fondée dans les années 1200 et faisait autrefois partie du Danemark, mais est devenue une partie de la Suède en 1658. La vieille ville est un point culminant pour tout visiteur, divisée entre le quartier historique de Gamla Väster et le quartier oriental revitalisé. Stortorget, la plus ancienne et la plus grande place de Malmö, est entourée de bâtiments exquis datant du 16ème siècle. À proximité se trouve l'église gothique Saint-Pierre, le plus ancien bâtiment de la ville, datant du 14ème siècle.

À quelques pas de là se trouve Lilla Torg, une place animée regorgeant de restaurants, de pubs et de cafés confortables, particulièrement agréables en été, lorsque les terrasses envahissent les rues. Parmi les joyaux historiques, la Kockska Huset de 1524 se distingue. Alors que la maison principale est fermée à clé, le charmant restaurant Årstiderna i Kockska huset est situé au sous-sol.

En contraste frappant avec son charme d'antan, Malmö présente également certaines des architectures contemporaines les plus impressionnantes d'Europe du Nord. Le pont de l'Øresund, star de la série télévisée suédo-danoise « The Bridge », s'étend sur 8 kilomètres et relie Malmö à Copenhague. Il s'agit du plus long pont routier et ferroviaire combiné d'Europe.

La ligne d'horizon de la ville est dominée par le Turning Torso, un gratte-ciel en spirale et l'un des plus hauts bâtiments de Scandinavie. Cette merveille résidentielle de 54 étages s'élève à 190 mètres dans les airs et est située au cœur du quartier branché de Västra Hamnen (West Harbour). Autrefois un chantier naval, ce quartier respectueux de l'environnement attire aujourd'hui les foules avec ses lieux de loisirs, ses parcs, ses restaurants et ses cafés.

Malmö a son caractère diversifié et dispose du Form/Design Center juste derrière l'historique Lilla Torg. Ce lieu rend hommage à l'art contemporain, au design et à l'architecture, et dispose d'une belle cour et d'un café.

Pour ceux qui apprécient les musées, le château de Malmö (Malmöhus Slott) est un incontournable. En tant que plus ancien château Renaissance de Scandinavie, construit à l'origine sur une forteresse en ruine et achevé en 1542, il abrite aujourd'hui le musée d'histoire naturelle de Malmö, le musée d'art de Malmö et un aquarium, tous accessibles avec un seul billet.

Et puis il y a le Moderna Museet Malmö, un musée d'art contemporain installé dans une centrale électrique réaménagée depuis 2009. Il s'agit d'une émanation du Moderna Museet de Stockholm et présente des œuvres d'artistes locaux et internationaux.

Un autre joyau est le tentaculaire Malmö Konsthall, qui abrite de l'art contemporain sur une superficie de 2 000 mètres carrés. Avec des contributions d'artistes du monde entier et plusieurs nouvelles expositions par an, c'est un lieu où il y a toujours quelque chose de nouveau à découvrir. Les mélomanes ont également le choix entre différents lieux, du Plan B à la salle de concert Malmö Live en passant par l'opéra de Malmö.

En ce qui concerne la scène culinaire, la proximité de Malmö avec le Danemark et l'Europe contribue à son offre gastronomique éclectique. Des restaurants étoilés au guide Michelin à la cuisine de rue copieuse à base de produits locaux, il y en a pour tous les goûts. Pour des falafels authentiques, dirigez-vous vers la périphérie de la ville et essayez le Falafel N1 ou le Falafel X. Si vous êtes à la recherche de saveurs locales, Lyran propose un repas de quatre plats qui change tous les jours en utilisant les ingrédients les plus frais.

Depuis 2011, le restaurant Vollmers, doublement étoilé au guide Michelin, combine habilement des ingrédients locaux avec des techniques de cuisson innovantes. Ruths, une combinaison de restaurant, d'épicerie fine et de boulangerie, continue d'attirer les foules avec ses plats d'inspiration scandinave, qui sont particulièrement appréciés dans le Sommerhof. À l'Aster, dans le quartier branché de Varvsstad, les repas sont cuits sur une flamme nue et offrent une expérience commune confortable.

Et pour ceux qui cherchent à étancher leur soif, la scène de la bière artisanale est en plein essor à Malmö. Malmö Brewing and Taproom a été lancé en 2010 après qu'un investissement audacieux ait transformé un bâtiment abandonné en brasserie. De même, Hyllie Bryggeri a commencé dans un garage et est depuis devenue une brasserie indépendante florissante dans le centre-ville.

Uppsala : la ville universitaire historique de Suède

Souvent comparée au « Cambridge de la Suède », Uppsala est un centre universitaire dynamique situé à seulement 35 minutes en train de Stockholm. Cette ville vibre d'une énergie juvénile et d'une ambiance internationale alors que des étudiants de toute la Suède et d'ailleurs augmentent leur population pendant l'année universitaire. En fait, les étudiants représentent environ 20 % des habitants de la ville.

Il est assez clair pourquoi beaucoup de gens choisissent de s'installer à Uppsala et d'aller à Stockholm pour le travail. La ville est peut-être compacte, mais elle est riche en offres. Il est parsemé de monuments historiques qui remontent à des siècles. Et vous ne pouvez pas visiter Uppsala sans vous plonger dans l'histoire de Carl Linnaeus, le célèbre botaniste et scientifique qui a autrefois élu domicile dans cette ville. Son influence, des fleurs aux articles scientifiques, se fait sentir dans toute la Suède et dans le monde entier.

Aujourd'hui, Uppsala se distingue comme un centre d'innovation, où les esprits académiques et une éthique commerciale unique se rencontrent et déclenchent un foyer de nouveaux concepts. C'est le berceau de nombreuses entreprises du secteur des sciences de la vie et de la technologie. C'est là que Maria Strømme, la plus jeune professeure de technologie de l'histoire de la Suède, a été la pionnière de l'innovation nanotechnologique Upsalite.

Uppsala est également un chef de file en matière de développement durable. elle a été sélectionnée comme ville modèle pour le programme NetZeroCities de l'UE de 2023 à 2025. La ville a obtenu une subvention de 1,5 million d'euros pour s'attaquer à deux projets ambitieux : la mise en place d'un budget carbone et l'adoption de pratiques d'économie circulaire.

Remontez le temps dans la ville historique d'Uppsala, où l'âge du fer et l'âge viking prennent vie. Votre aventure historique commence à l'Université d'Uppsala, qui est un pilier de l'université depuis les années 1400. Visitez le Gustavianum pour avoir un aperçu du passé chargé d'histoire de l'université, et ne manquez pas Carolina Rediviva, la prestigieuse bibliothèque qui conserve des trésors tels que la Bible en argent du VIe siècle.

Ensuite, dirigez-vous vers la vieille ville d'Uppsala et ses tumulus royaux, riches en histoire scandinave. Promenez-vous parmi ces anciennes collines, percez les mystères des Vikings lors d'une visite en réalité augmentée ou plongez encore plus loin dans le passé au musée Gamla Uppsala avec des casques de réalité virtuelle qui révèlent les légendes et l'histoire de la région.

Les collines royales, enveloppées de mystère, murmurent des histoires de rois morts depuis longtemps ou peut-être de divinités. À proximité, sur le site du temple d'Uppsala, mentionné dans les écrits d'Adam de Brême du XIe siècle, se trouve l'actuelle église Gamla Uppsala, qui fait référence à l'histoire sacrée de la ville.

Pour les amateurs d'histoires vikings, Uppsala est un trésor, offrant tout, de la chasse aux pierres runiques anciennes à la dégustation d'hydromel fait maison au restaurant et café Odinsborg. Pour plus d'activités sur le thème des Vikings, consultez le guide de Destination Uppsala.

De retour au cœur de la ville, des sites emblématiques attendent votre visite, de la grande cathédrale d'Uppsala, la dernière demeure des monarques suédois tels que le roi Gustav Vasa, à la splendeur du château d'Uppsala et de ses vastes terrains.

Kiruna : la porte d'entrée de la Laponie suédoise

Située à plus de 200 kilomètres au-dessus du cercle polaire arctique, la charmante ville de Kiruna se trouve dans l'immensité de la Laponie suédoise, qui représente un quart du territoire suédois. Kiruna n'est pas seulement un délice pittoresque, mais aussi d'une importance culturelle et historique car elle est située à Sápmi, la terre ancestrale des Sámi indigènes qui s'étend au-delà des frontières nationales.

Pour ceux qui aiment les grands espaces, Kiruna est un paradis, entouré d'un paysage varié de forêts denses, de vastes marécages et d'une abondance de lacs, de rivières et de montagnes. L'une de ces merveilles naturelles est Kebnekaise, le plus haut sommet de Suède. Ce cadre est le terrain de jeu idéal pour la randonnée, la pêche à la mouche, le ski, la raquette et le traîneau à chiens.

Kiruna présente également une histoire urbaine fascinante. Cette ville, embourbée dans l'exploitation minière depuis 1900, connaît actuellement une transformation extraordinaire. Afin de pouvoir poursuivre l'exploitation minière, la ville subit une transformation remarquable : les bâtiments sont déplacés, certains sont démolis et de nouveaux sont construits.

Depuis le 1er septembre 2022, le centre-ville de Kiruna a été repositionné, le nouvel hôtel de ville « The Crystal » étant le premier bâtiment. L'ensemble du processus de relocalisation devrait être achevé d'ici 2035.

Cette ville fascinante et changeante offre une multitude d'expériences, et un road trip à travers Kiruna signifie que vous n'êtes jamais loin d'attractions telles que l'Icehotel, Kebnekaise et Abisko, qui sont toutes situées dans la municipalité.

Kiruna est également un endroit privilégié pour découvrir les impressionnantes aurores boréales, le soleil de minuit et d'autres spectacles naturels tels que la nuit polaire. Au cours de cette période de quatre semaines en décembre et début janvier, l'obscurité est presque continue dans la région, le soleil restant sous l'horizon. Cependant, grâce à la neige réfléchissante, au clair de lune et à « l'heure bleue » - une brève période crépusculaire qui baigne le ciel d'une teinte bleu profond tous les jours - il ne fait pas entièrement sombre.

Attraper les aurores boréales est une expérience inoubliable, et il existe différents endroits pour profiter de ce phénomène coloré, en particulier pendant les mois sombres de septembre à mars. La station Aurora Sky à Abisko, à seulement une heure de route du centre de Kiruna, est considérée comme l'un des meilleurs endroits au monde pour voir mmm.

D'autre part, le soleil de minuit baigne continuellement la région de lumière du jour pendant les mois d'été. Si vous prévoyez une visite et que vous souhaitez vous prélasser au soleil 24 heures sur 24, visez la fin mai à la mi-juillet. Au milieu de l'été, vous pouvez même dévaler les pistes du domaine skiable de Riksgränsen, mmm ski.

Découvrez la destination ultime pour les amateurs de plein air ! Maximisez les longues heures de clarté en parcourant le célèbre sentier du roi, qui s'étend d'Abisko à Nikkaluokta. Vous ferez une randonnée dans le pittoresque parc national d'Abisko, parsemé de lacs, et serez impressionné par Kebnekaise, un point culminant du sentier. Une randonnée unique est le Three Countries Cairn Trail, nommé d'après le point le plus septentrional de la Suède, où il rencontre la Norvège et la Finlande.

Kiruna est le rêve d'un pêcheur à la ligne, avec une abondance de lacs et de rivières regorgeant d'omble chevalier, de brochet, de corégone, d'ombre et de saumon. Avec un permis de pêche, vous pouvez participer à des aventures de pêche guidées allant de courts voyages à des excursions de plusieurs jours. Ne manquez pas la pêche sur glace, une autre activité typique de Kiruna avec de nombreuses options parmi lesquelles choisir.

L'hiver apporte ses propres sensations fortes, notamment le traîneau à chiens. Connectez-vous avec les sympathiques huskies lors de diverses excursions, soit en tête du peloton, soit en profitant de la balade. Jetez un coup d'œil à l'offre locale de traîneau à chiens et vivez une aventure inoubliable.

Kiruna est également riche en expériences culturelles imprégnées de l'héritage du peuple Sámi de la région Sápmi. Les Samis vivent ici depuis des milliers d'années, avec l'élevage de rennes au cœur de leur culture. Si vous rencontrez des rennes dans la nature, n'oubliez pas de garder une distance respectueuse. Pour une expérience culturelle intense, visitez Nutti Sámi Siida ou Giron Reindeer, où vous pourrez vous immerger dans le monde de l'élevage de rennes et des traditions samis.

De retour en ville, vous pouvez participer à une visite guidée pour naviguer à travers la scène urbaine en évolution de Kiruna. Des organisations telles que Northern Sweden Tourism, Kiruna Storytelling et Guide i Norr proposent des visites instructives, chacune avec une perspective unique. Ne manquez pas non plus l'occasion de descendre dans la mine LKAB, la plus grande mine souterraine de minerai de fer au monde, où vous découvrirez son histoire importante et son impact sur la réinstallation de Kiruna.

En ce qui concerne la nourriture, la cuisine de Kiruna est fortement influencée par les pratiques culinaires des Samis, avec des ingrédients pêchés à l'état sauvage et récoltés localement. Le renne et l'orignal sont au menu, et le fameux caviar Kalix, un mets protégé par l'AOP, est un incontournable. Pour goûter au meilleur de la région en mettant l'accent sur la durabilité, rendez-vous au Spill Saluhall & Eatery ou au Mommas at Scandic Kiruna Hotel, où vous pourrez déguster des plats infusés de saveurs locales.

Pour un repas décontracté, le Stejk Street Food sert des plats locaux dans un cadre confortable de lavvu. Et pour l'arroser, gardez un œil sur les bières de Kiruna Bryggeri dans les restaurants et bars locaux qui ajouteront la touche finale parfaite à votre expérience authentique de Kiruna.

Visby : à la découverte du patrimoine médiéval de Gotland

Si vous êtes à la recherche d'un endroit qui offre un mélange de charme historique, de splendeur naturelle, d'expériences culturelles, de cuisine délicieuse ou simplement un endroit pour se détendre au bord de la mer, alors Visby est votre destination. Nichée sur Gotland, une île de la mer Baltique, cette ville enchanteresse est un joyau de la Suède et se dresse fièrement sur la liste du patrimoine mondial de l'UNESCO, célébrée pour son importance mondiale exceptionnelle.

Faites un voyage dans le temps en vous promenant dans Visby, une ville hanséatique médiévale dont les racines remontent au 12ème siècle. Découvrez les ruines impressionnantes d'anciennes églises telles que Saint-Clémène, Saint-Nicolai, Drotten et les arches imposantes de Saint-Karin. Ne manquez pas la cathédrale Sainte-Marie, un témoignage du riche passé de la ville, construite à la fin du 12ème siècle.

Visby est entourée d'une magnifique muraille médiévale de 3,5 kilomètres de long connue sous le nom de mur de la ville de Visby, qui est toujours en vigueur avec beaucoup de ses tours d'origine datant des années 1200. Cette forteresse a été construite à l'origine pour protéger la ville des envahisseurs et des forces récalcitrantes de la campagne suédoise.

La culture vibrante de la ville s'étend de l'âge viking au monde fantaisiste de Fifi Brindacier. Promenez-vous dans les rues, qui sont bordées de plus de 200 bâtiments et maisons historiques, dont certains remontent au 12ème siècle.

Le musée de Gotland est un trésor d'objets de l'ère viking, et son trésor présente une impressionnante collection d'argenterie, dont le plus grand trésor d'argent d'Europe. Pour en savoir plus sur l'histoire fascinante de Visby, faites une visite guidée proposée par le musée et accédez à des sites de ruines normalement fermés.

Les fans de Fifi Brindacier seront ravis d'explorer les lieux de tournage des films populaires, y compris la Villa Villerkulla, située juste à l'extérieur de Visby au Kneippbyn Resort. Si vous êtes à la recherche de la photo Instagram parfaite, Fiskargränd est l'endroit idéal.

Cette charmante ruelle avec ses roses et ses pavés est probablement l'endroit le plus photographié de Visby aujourd'hui. Pour suivre encore plus les traces de Pippi, procurez-vous une carte gratuite à l'office de tourisme local, qui répertorie tous les lieux de la ville qui ont à voir avec Pippi.

L'environnement enchanteur et l'histoire profonde de Gotland en font un refuge pour les artistes attirés par son attrait mystique. Ses créations, en particulier les céramiques exquises et les articles en laine, peuvent être trouvées dans les magasins locaux de Visby. Les peaux d'agneau en laine grise uniques de l'île sont un ajout confortable aux maisons scandinaves.

Visby, ce n'est pas seulement l'histoire mmm. C'est aussi un paradis pour les amoureux des jardins et de la nature. La ville est célèbre pour ses jardins, en particulier pour les nombreuses roses qui fleurissent sous le soleil d'été. Le jardin botanique de 2,5 hectares, construit en 1855, est un incontournable avec ses arbres exotiques, ses plantes et son entrée gratuite. Il y a aussi un jardin d'herbes aromatiques et un jardin de belvédères.

Pour une baignade rafraîchissante, il y a une jetée le long de la promenade du front de mer dans le centre de Visby, et vous trouverez quatre plages dans un rayon de seulement cinq kilomètres. Pour ceux qui s'aventurent plus loin, la plage de Tofta, à 20 kilomètres au sud, est un choix populaire. Bien que Gotland soit la plus grande île de Suède, elle est facile à explorer car Visby est un excellent point de départ pour des excursions d'une journée à vélo.

Enfin, une randonnée jusqu'à Högklint, à seulement sept kilomètres au sud de Visby, offre une vue imprenable sur la ville et un voyage à travers la réserve naturelle de Södra Hällarna avec ses falaises spectaculaires, ses grottes, ses forêts de lierre et ses côtes rocheuses.

Savourez les saveurs de Visby : des crêpes au safran aux truffes

Visby s'anime vraiment pendant les saisons chaudes, mais quel que soit le moment de votre visite, il y a toujours quelque chose à faire, surtout si vous vous laissez tenter par la scène culinaire locale dans les restaurants de classe mondiale, les bars animés et les cafés pittoresques de la ville. Tout comme le reste de la Suède, les habitants de Visby adorent leur temps de « fika ». Sur Gotland, vous pourrez déguster des mélanges locaux uniques de café et de thé, accompagnés de délicieuses friandises telles que la crêpe au safran signature de l'île avec des baies et de la crème.

Voici quatre cafés incontournables à Visby :

-   Visitez Själsö bageri, une boulangerie artisanale située juste à l'extérieur de Visby, où vous pourrez déguster le levain cuit sur pierre et les irrésistibles brioches à la cannelle. Ils ont également une charrette à pain garée à Östercentrum au cœur de Visby.
-   Le Café Amalia est un lieu enchanteur qui a conquis le cœur des habitants. Ils servent un petit-déjeuner sain et fait maison tout au long de la journée, garni de fleurs fraîches et comestibles.

- Ett Rum för Resande offre une ambiance chaleureuse qui est appréciée pour ses pâtes faites maison et ses heures d'ouverture généreuses tout au long de l'année.
- Le café S :t Hans fleurit en été dans les ruines enchanteresses de l'église S :t Hans, ce qui en fait un régal de saison.

Le sol calcaire et le climat doux de Gotland produisent une abondance de produits frais. Si vous sortez au début du printemps, vous trouverez des asperges dans une variété de plats.

Amateurs de truffes, réjouissez-vous ! Les truffes sont également cultivées sur l'île, que l'on peut trouver sur les menus et dans les magasins à la fin de l'automne. En novembre, les visiteurs peuvent même participer à des dégustations, des chasses aux truffes et des conférences organisées par l'académie de la truffe de l'île.

Avec une abondance d'agneau local, des plats d'agneau vous attendent dans de nombreux restaurants, aux côtés de copieuses saucisses locales, de chevreuil et bien plus encore. L'héritage de pêche de l'île signifie que le saumon fumé, la plie et le hareng sont également au menu.

Accompagnez votre repas de bières locales telles que Wisby Pils et Sleepy Bulldog de Gotlands Bryggeri, l'une des nombreuses brasseries de l'île.

Où manger à Visby

Visby a une forte concentration de restaurants, dont beaucoup sont ouverts toute l'année.

Si vous voulez goûter aux classiques suédois et à l'agneau de Gotland, réservez une table au Värdshuset Lindgården. Ils cuisinent en fonction des saisons agricoles et valorisent les ingrédients frais et locaux. Après votre repas, vous pouvez vous rendre à l'étage de la salle de gin pour déguster une vaste sélection de gins de Gotland, de Suède et d'ailleurs.

Les amateurs de fruits de mer ne voudront pas manquer Bakfickan, un restaurant confortable qui fait frire du hareng et sert de la soupe de poisson depuis plus de deux décennies. C'est un endroit populaire pour le déjeuner ou le dîner, mais assurez-vous d'arriver tôt pendant la saison estivale chargée, car ils fonctionnent souvent selon le principe du premier arrivé, premier servi.

Les restaurants et Visby sont situés près de Stora Torget (place principale). Alors que certains sont des ramifications d'établissements de Stockholm, des restaurants renommés tels que Surfers et Crêperi & Logi ont commencé à Visby avant de s'étendre au continent.

CHAPITRE 3 : EXPLORER LA NATURE

Archipel suédois : aventure d'île en île

Le ferry est le moyen de transport privilégié pour explorer l'archipel de Stockholm, connu sous le nom de « Skärgården » par les locaux. Vous pouvez prendre un ferry, mmm pour faire différentes visites proposées au départ de Cendrillon ou de Waxholmsbolaget, avec des départs du cœur de Stockholm tout au long de la journée. Bien que vous puissiez réserver votre place sur un ferry Cendrillon en ligne, vous devrez acheter votre billet Waxholmsbolaget directement sur le bateau.

Si vous faites la navette, le bateau SL numéro 83 circule entre Stockholm City, Vaxholm et Rindö. Visitez la ville en basse saison, de mi-septembre à avril, et si vous avez un pass SL valable 30 jours ou plus, vous pouvez monter à bord du Waxholmsbolaget sans payer de supplément.

L'ère que vous pouvez faire

L'archipel offre une abondance d'activités. Partez à l'aventure avec la navigation de plaisance, le trekking, la pêche, le kayak de mer, le vélo, la natation ou la voile sur glace. Les hébergements sur l'île louent souvent des kayaks et des vélos, et le personnel ou les habitants se feront un plaisir de vous suggérer les meilleurs endroits. Si vous aimez un peu plus détendu, détendez-vous sur une plage de sable ou sur un rocher caché au bord de la mer. Les hôtels spa sur certaines îles offrent la retraite parfaite pour se faire dorloter et profiter de l'atmosphère tranquille de l'archipel.

Ne manquez pas les villages pittoresques sur différentes îles, où vous pourrez parcourir les magasins de ferme locaux et les boutiques d'artisanat. Au début de l'automne, vous pourrez partir à la recherche de baies sauvages et de champignons ou préparer vos prises sur les aires de barbecue du camping. Vous pouvez également déguster des plats gastronomiques dans des restaurants renommés de Fjäderholmarna, Grinda ou Värmdö.

Logement

Autrefois paradis pour les agriculteurs et les pêcheurs et aujourd'hui parsemé de plus de 50 000 maisons de vacances, l'archipel offre quelque chose pour tout le monde, des simples maisons en bois aux villas extravagantes. Les visiteurs disposent d'un large éventail d'options d'hébergement, notamment des campings, des auberges, des maisons de vacances, des maisons d'hôtes traditionnelles et des stations thermales haut de gamme.

Options de restauration

L'archipel est parsemé de restaurants, mmm pour satisfaire votre faim. Les grandes îles telles que Vaxholm, Värmdö et Utö offrent une variété de restaurants, de bars et de cafés. Les petites îles offrent peut-être moins de choix, mais l'engagement envers une cuisine de qualité est tout aussi fort.

Möja, une île qui compte 250 résidents permanents, abrite le célèbre Wikströms Fisk, un restaurant familial dirigé par la fille de Rune Wikström qui sert une sélection de poissons frais pêchés par la famille. Möja se compose de cinq villages reliés par des chemins de terre, la plupart des entreprises hôtelières étant familiales.

Sur Tranholmen, David Enmark a transformé sa résidence en restaurant DavidAtHome, qui accueille environ 40 convives tous les vendredis soirs jusqu'au dernier ferry à 22h. Le menu met à l'honneur les produits locaux et de saison et s'inscrit dans l'engagement de David à minimiser le gaspillage alimentaire. C'est un endroit populaire, alors assurez-vous de réserver votre table tôt.

La Laponie suédoise : le pays du soleil de minuit et des aurores boréales

La Laponie suédoise est une destination unique. C'est un endroit où vous pourrez vous prélasser dans la lueur du soleil de minuit ou vous émerveiller devant les aurores boréales éthérées. Cette région offre une gamme de paysages naturels, notamment des montagnes imposantes, des forêts denses, de vastes marécages, des rivières sauvages et des archipels époustouflants.

Il s'étend de Skellefteå à Västerbotten jusqu'à l'extrémité nord de la Suède et couvre un quart entier de la masse continentale du pays. Pour ceux qui aiment les grands espaces, les environs vastes et diversifiés offrent une abondance d'activités telles que le trekking, la pêche, le mushing avec des chiens de traîneau et les pistes.

La région n'est pas seulement une question de grands espaces ; Il y a des expériences culturelles et des hébergements de première classe qui se fondent parfaitement dans l'environnement. Parmi les hébergements les plus emblématiques, citons l'Icehotel, le Treehotel et l'Arctic Bath.

Les régions reculées de la Suède, ainsi que certaines parties de la Norvège, de la Finlande et de la Russie, sont collectivement connues sous le nom de Sápmi, le territoire traditionnel des Samis. Les Samis vivent dans cette région depuis des milliers d'années.

Bien que les paysages époustouflants de la Laponie suédoise puissent sembler vierges et préservés, ils ont été soigneusement exploités par le peuple Sami, qui connaît huit saisons différentes dans l'année. Par respect pour la terre, ils ont donné leur nom à toutes les collines et vallées de la région.

Immergez-vous dans la culture sami authentique

Vous pouvez vous immerger dans le mode de vie des Samis, avec de vraies expériences comme celles proposées au Geunja Sámi Eco Lodge sur un lac tranquille à Ammarnäs. Géré par la famille Vinka, ce refuge vous présente non seulement le patrimoine culturel et les coutumes du peuple Sami, mais vous connecte également à la flore et à la faune locales.

Cette escapade isolée vous invite à participer à des excursions guidées en bateau, à des randonnées en montagne et peut-être même à la pêche. Vous vous régalerez de plats traditionnels tels que le ragoût de renne et la soupe de girolles cuites sur une flamme nue, et vous vous reposerez dans une cabane en rondins au toit d'herbe d'inspiration sami ou dans une cabane de goathe confortable.

L'approche des Samis en matière de durabilité pourrait servir de leçon au monde entier. Ils utilisent chaque partie du renne, la viande servant d'aliment de base et la peau étant utilisée pour fabriquer des tapis.

Le cuir est fabriqué à la main en chaussures et accessoires, tandis que les bois sont transformés en boutons et divers objets. Certains de ces produits faits à la main, tels que des sacs décoratifs décorés de broderies en étain et de laine feutrée, sont disponibles à l'achat.

Pour vous assurer d'obtenir une pièce authentique de l'artisanat sami, recherchez la marque de certification Sámi, qui comprend les labels Sámi Duodji et Sámi Made, qui garantissent que les articles sont d'authentiques créations samis. Ici, vous pouvez en savoir plus sur l'artisanat sami et où le trouver.

Aurores boréales : un aimant pour tout le monde

Les aurores boréales envoûtantes captivent à la fois les habitants et les voyageurs du monde entier. La station Aurora Sky Station d'Abisko est considérée comme l'un des meilleurs endroits au monde pour assister à ce spectacle éblouissant. La Danse des Lumières, résultat de l'interaction électromagnétique du Soleil et de la Terre, a lieu tout au long de l'année.

Cependant, la meilleure période pour observer est d'août à avril, lorsque les nuits sont longues. Lorsque le mois de mai arrive, le soleil de minuit occupe le devant de la scène, offrant 24 heures complètes de lumière du jour sur le cercle polaire arctique, qui dure jusqu'à la mi-juillet.

Profitez de la lumière du jour pour des excursions dans la nature

Lorsque le soleil ne se couche pas, c'est le moment idéal pour s'immerger dans la nature. Faites de la randonnée ou ramassez des comestibles sauvages. Eva Gunnare, guide culinaire et culturelle, organise des visites guidées du site près de Jokkmokk avec son entreprise « Essence of Lapland ».

Le paradis des pêcheurs au grand air

Pour les passionnés de pêche à la mouche, la Laponie suédoise est une destination idyllique. Avec une abondance de rivières et de lacs, sans parler d'un littoral étendu, la région est un rêve pour les pêcheurs. La rivière Torne est connue pour ses montaisons de saumons, qui attirent jusqu'à 100 000 poissons chaque été. Le brochet, la truite et le corégone sont également des prises courantes ici.

Plaisirs d'hiver et plaisir du ski

En hiver, la Laponie suédoise se transforme en une retraite enneigée avec une saison de ski prolongée. Il est également possible de skier à Riksgränsen au plus fort de l'été. Pour un changement unique, vous pouvez faire des vols en montgolfière jour et nuit à l'Aurora Safari Camp, le premier site de glamping de Suède pour les mois les plus froids. Ils proposent également des excursions en motoneige, du ski de fond et des aventures en traîneau à chiens. La ferme de huskies de Svedjekojan se trouve à proximité et propose des excursions inoubliables en traîneau à chiens.

La Laponie : un sanctuaire pour les aventuriers

Classée au patrimoine mondial de l'UNESCO, la Laponie est une étendue sauvage et sereine, parfaite pour ceux qui recherchent la solitude et l'aventure.

Profitez de la scène culinaire de la Laponie suédoise

En Laponie suédoise, le patrimoine culinaire des Samis brille, avec un accent mis sur les ingrédients locaux, qu'ils soient cultivés ou récoltés. La viande de renne et de wapiti fumée traditionnellement fait partie des aliments de base. Les amateurs de fruits de mer pourront déguster de l'omble chevalier frais et du poisson blanc.

Ne manquez pas le célèbre caviar Kalix, le premier produit alimentaire suédois à recevoir le statut d'appellation d'origine protégée de l'UE. Il existe également des fromages artisanaux dans la région, comme ceux de Svedjan Est.

Pour goûter à l'essence de la région, visitez les restaurants locaux. La véranda de l'Icehotel propose un festin de 12 plats. Au restaurant CG de Luleå, vous pouvez choisir parmi une variété de plats de viande et de poisson, dont le célèbre caviar. Pour une expérience immersive, Huuva Hideaway à Liehittäjä propose des repas enracinés dans les traditions samies avec des informations éducatives.

La Laponie suédoise : une impression durable

Cette partie importante de la Suède est connue pour son caractère unique et complexe, qui ne manquera pas de rester avec vous longtemps après la fin de votre voyage.

Parques nacionales y réserves naturelles

Le mode de vie suédois est étroitement lié à la nature. Où que vous soyez en Suède, vous n'êtes toujours pas loin d'une végétation luxuriante et immaculée. Il est donc tout à fait approprié que la Suède ait été pionnière dans la création de parcs nationaux en Europe, ouvrant ses neuf premiers parcs en 1909.

Aujourd'hui, il existe 30 parcs nationaux en Suède, qui sont tous ouverts gratuitement aux visiteurs. De nombreux parcs disposent d'un centre d'accueil Naturum qui offre un aperçu de la flore, de la faune et de l'histoire du parc, ainsi que des visites guidées et des expositions pour améliorer votre expérience.

Aventurez-vous dans la partie la plus septentrionale de la Suède et découvrez la Laponie, un site classé au patrimoine mondial de l'UNESCO. Cette région abrite quatre des parcs nationaux de Suède, avec des sommets enneigés, des vallées verdoyantes et une faune distinctive. Le parc national d'Abisko, l'un des points forts de la région, propose des activités telles que la raquette et le traîneau à chiens, ainsi qu'un aperçu des traditions d'élevage de rennes du peuple Sami.

Abisko est situé à 200 km à l'intérieur du cercle polaire arctique et est également l'un des meilleurs endroits au monde pour observer les aurores boréales. Le parc est facilement accessible depuis Kiruna en un peu plus d'une heure en voiture ou en bus.

Un trio de parcs – Sarek, Padjelanta et Stora Sjöfallet – se niche près de la frontière norvégienne, à deux pas d'Abisko. Sarek, connue pour son isolement, promet une aventure pour ceux qui sont prêts à faire de la randonnée ou du ski dans son cœur. Padjelanta, le plus grand parc de Suède, révèle les montagnes Sarek et les prairies de fleurs sauvages après le dégel.

Stora Sjöfallet présente quant à elle le massif d'Akka, que l'on appelle la « Reine de la Laponie ». Ces parcs offrent de superbes paysages hivernaux, mais sont également envoûtants toute l'année, se prélassant à la lumière du jour 24 heures sur 24 pendant le solstice d'été.

Vers le sud, le paysage change radicalement. Ici, des parcs comme Stenshuvud, sur la côte sud-est de la Suède, offrent des journées tranquilles à la plage et des randonnées boisées avec des sentiers qui mènent à des points de vue panoramiques. Le parc national de Gotska Sandön, une île isolée au nord de Gotland, est un paradis pour les phoques gris et les amoureux de la plage, accessible par ferry pendant les mois les plus chauds.

Le premier parc national sous-marin de Suède, Kosterhavet, est un paradis pour les plongeurs et les plongeurs en apnée avec des récifs coralliens et une vie marine uniques. Il n'est qu'à une courte distance en ferry de Strömstad et offre plus qu'une simple exploration sous-marine, avec des pistes cyclables et des sentiers de randonnée et la possibilité de déguster les célèbres fruits de mer de la région.

Une nature sauvage vierge à deux pas de Stockholm

Voulez-vous combiner des aventures en plein air avec votre visite à Stockholm ? Le parc national de Tyresta se trouve à seulement 20 km au sud du centre-ville, à une petite heure de transport en commun. D'une superficie de près de 20 kilomètres carrés, ce parc, avec sa réserve naturelle de 30 kilomètres, abrite des forêts anciennes et un riche écosystème de conifères qui abrite un nombre impressionnant de 8 000 espèces d'animaux.

Non loin de là, l'archipel de Stockholm s'enorgueillit d'avoir son propre parc national, Ängsö, qui se transforme en un tapis coloré de fleurs sauvages au printemps et au début de l'été. Prenez un ferry de Stockholm à Ängsö pour une escapade agréable.

Les forêts de feuillus de Suède : un pays des merveilles toute l'année

Qu'il s'agisse de bains d'été revigorants dans les lacs, de promenades paisibles en automne dans les bois, de ski de fond exaltant en hiver ou de l'explosion de fleurs sauvages au printemps, les parcs naturels de conifères de Suède sont un trésor à tout moment de l'année. Le parc national de Tiveden, niché entre Stockholm et Göteborg, présente des forêts vierges vierges parsemées de rochers massifs de l'ère glaciaire, dont certains mesurent 10 mètres de haut.

Le paysage est également parsemé de lacs et de rivières parfaits pour la pêche et le canoë, et même de grottes passionnantes à explorer.

À seulement 30 km de Malmö se trouve Dalby Söderskog, le plus pittoresque des parcs nationaux de Suède. C'est une retraite verte toute l'année et un excellent exemple des forêts anciennes de Suède.

Des paysages uniques à voir absolument

Ne manquez pas les prairies de fleurs sauvages du parc national de Garphyttan.

Visitez le parc national de Fulufjället, qui abrite la plus haute chute d'eau de Suède.

Découvrez le parc national de Skuleskogen et sa randonnée unique à travers l'étroite fissure de Slåttdalsskrevan, haute de 200 mètres, avec d'imposants murs de granit de 30 mètres de haut.

Gardez à l'esprit que si les parcs nationaux de Suède accueillent tous les visiteurs, il est important de se conformer aux réglementations du parc pour préserver ces habitats naturels fragiles.

Randonnées et activités de plein air

À la découverte de la nature sauvage suédoise

Les paysages sauvages de la Suède invitent les aventuriers à vivre des aventures passionnantes.

Les amateurs de plein air trouveront en Suède une destination exceptionnelle tout au long de l'année, offrant un trésor d'activités telles que le trekking, la pêche et les sports d'hiver, entre autres.

L'immensité de la campagne suédoise offre une retraite tranquille avec des foules clairsemées et des lacs immaculés.

Ski et plaisirs d'hiver

Originaire de la région nordique, le ski est un sport populaire, et la Suède, avec son riche patrimoine skiable, ne fait pas exception. Le pays a produit de nombreuses stars internationales du ski et compte plusieurs stations de ski distinctives.

Idre, Sälen et Åre font partie des stations de ski les plus recherchées. Dans le nord de la Suède, la saison de ski s'étend de fin octobre à avril. Kiruna

En Laponie, vous pouvez dévaler les pistes et faire du snowboard sous le soleil de minuit de fin mai jusqu'à ce que la neige se retire en juin.

Kiruna propose également d'autres activités hivernales telles que le traîneau à chiens, la motoneige ou la pêche sur glace, et vous pouvez même passer une nuit dans un hôtel de glace à Jukkasjärvi.

Aventures dans des paysages sauvages

La beauté époustouflante et préservée de la Suède offre des rencontres intimes avec la nature et offre certaines des dernières frontières sauvages du monde. Le pays est parsemé d'endroits magnifiques et de sentiers de randonnée qui sont mûrs pour l'exploration.

Compte tenu des paysages spectaculaires de la Suède, les activités de plein air telles que le vélo, le kayak, la pêche ou la chasse sont très populaires. Le pays abrite de magnifiques parcs nationaux, des montagnes imposantes et des archipels enchanteurs.

La baignade dans le lac et les visites au sauna sont à l'ordre du jour, et même les plus petites communautés disposent d'un sauna. Il est typique pour la Suède de prendre une douche froide après le sauna ou, en hiver, de se défouler dans la neige.

Avec plus de 100 000 lacs, les habitants aiment souvent se baigner dans le lac le plus proche.

Trekking à travers la Suède

L'Allemansrätten suédois, le droit d'accès public, vous permet de vous promener librement dans le pays, de camper, de faire du vélo, de conduire ou de skier.

Ce droit vous permet également de cueillir des baies sauvages, de pêcher et de nager, tant que vous n'êtes pas à proximité de résidences privées.

La Suède est sillonnée par plus de quarante sentiers de grande randonnée. La célèbre Kungsleden, ou Route du Roi, est la plus célèbre et s'étend sur 460 km de Hemavan à Abisko au nord-ouest. Sur ce sentier, vous rencontrerez le plus haut sommet de Suède, le Kebnekaise à 2 102 mètres.

En chemin, vous trouverez des stations de montagne et des refuges pour vous arrêter pour manger un morceau.

Canoë et rafting

L'abondance de lacs et de rivières fait du canoë un passe-temps populaire, l'archipel de Stockholm étant une recommandation de premier ordre.

Pêche à Suecia

La Suède est le rêve de tout pêcheur, et il y a même la possibilité d'attraper du saumon à Stockholm. Alors que la pêche dans les grands lacs et les zones côtières est gratuite, la pêche en eau douce à l'intérieur des terres nécessite souvent un permis, qui peut être obtenu auprès des offices de tourisme locaux.

Les lieux de pêche les plus remarquables sont les lacs Vänern, Vättern et Mälaren.

Dans le nord, Tärnaby est connu pour son excellente pêche en montagne à la truite et à l'omble, tandis que Sorsele est un haut lieu de la pêche à la truite et à l'ombre.

La rivière Torne Valley est un endroit privilégié pour la pêche au saumon.

N'oubliez pas de vous renseigner auprès des offices de tourisme locaux pour obtenir des permis de pêche en eau douce.

Jouer au golf en Suède

Les amateurs de golf peuvent profiter de certains des plus beaux parcours d'Europe dans les régions méridionales du Halland et de la Scanie dès avril/mai, tandis que les pistes de ski du nord sont encore ouvertes.

Fluctuations saisonnières en Suède

Il est important de savoir que le printemps et l'été en Laponie suédoise arrivent plus tard dans le nord que dans le centre et le sud du pays.

CHAPITRE 4 : EXPÉRIENCES CULTURELLES

Cuisine suédoise : des boulettes de viande au smörgåsbord

Les traditions culinaires de la Suède sont étroitement liées au passé du pays, à ses saisons caractéristiques et à ses caractéristiques géographiques. La cuisine se caractérise par des plats riches et réconfortants qui intègrent souvent des techniques de conservation, une nécessité en réponse aux longs hivers glaciaux et aux étés fugaces et chauds.

Les boulettes de viande ou « Köttbullar » sont pratiquement synonymes de cuisine suédoise. Ces boules salées sont devenues des symboles culturels et sont généralement accompagnées de confiture de canneberges, de concombres marinés épicés et de purée de pommes de terre onctueuse. Bien qu'elles aient été reconnues dans le monde entier par IKEA, les versions faites maison sont un régal qui est dans une ligue à part.

Ensuite, il y a le « surströmming », un hareng fermenté dont le moins que l'on puisse dire est un goût auquel il faut s'habituer. Son arôme fort et incomparable est un clin d'œil au passé, lorsque la fermentation était cruciale pour la conservation du poisson.

Aujourd'hui, ce plat fait partie intégrante du patrimoine culinaire suédois. Il est généralement dégusté en plein air avec du pain pita, des pommes de terre et des oignons, mmm pour équilibrer sa saveur intense.

Le « Gravad Lax » est un saumon délicatement séché à l'aneth et au sucre, souvent servi avec une sauce à la moutarde sucrée. Ce plat remonte au Moyen Âge, lorsque les pêcheurs conservaient leurs prises avec du sel et un peu de fermentation sous le sable. Les méthodes modernes ont affiné le processus, qui implique généralement la réfrigération, ce qui permet d'obtenir un saumon tendre et enrichi d'un subtil mélange de douceur et d'aneth.

Le pain croustillant existe depuis des siècles et s'est avéré indispensable pour les Vikings et les Suédois modernes. Fabriqué avec de la farine de seigle, de l'eau et du sel, ce pain croustillant est idéal pour tartiner vos tartinades préférées.

« Pytt i Panna » est un délicieux haschisch à base de pommes de terre en dés, d'oignons et de viande - souvent tout ce qui se trouve sous la main. Garni d'un œuf au plat, ce plat témoigne du talent de la Suède pour transformer de simples restes en un repas réconfortant et satisfaisant.

Dans le sud de la Suède, le « Kroppkakor » règne en maître – un plat à base de boulettes de pommes de terre farcies de porc ou de bacon, cuites à la perfection et souvent servies avec un plat d'accompagnement de sauce aux canneberges ou une cuillerée de beurre.

Le « sill » ou hareng mariné est un aliment de base festif pendant les festivals suédois tels que le solstice d'été et Noël. Inspiré par le vaste littoral du pays et l'importance du poisson dans son alimentation, le seuil se décline dans une variété de saveurs, du sucré au piquant, et est généralement dégusté avec du pain et des pommes de terre bouillies.

Morcilla

En Suède, le boudin noir, fabriqué à partir de sang et de farine de porc, est l'incarnation même des pratiques culinaires durables. Cette concoction copieuse est infusée d'une gamme d'épices et d'ingrédients, puis cuite en une forme dense et semblable à une saucisse. En règle générale, il est tranché, poêlé et servi avec un accompagnement de confiture de canneberges acidulée, ce qui offre une aventure gustative distinctive et inoubliable.

Soupe aux pois jaunes

Savourez la chaleur de la soupe suédoise aux pois jaunes, un plat copieux traditionnellement dégusté le jeudi, complété par des crêpes tendres et fines. Cette coutume remonte à l'époque antérieure à la Réforme et est basée sur les pratiques de jeûne du vendredi. C'est un aliment de base apaisant dans le froid des mois d'hiver.

Crêpes de pommes de terre

Les Suédois se délectent des raggmunk, ou crêpes de pommes de terre, qui sont faites de pommes de terre râpées mélangées à de la farine, du lait et des œufs et frites jusqu'à ce qu'elles soient dorées. Souvent servies avec de la sauce aux canneberges et du bacon ou du porc, ces crêpes de pommes de terre sont particulièrement populaires en hiver.

Bonbons suédois

Les desserts suédois sont un délicieux amalgame de saveurs, contenant souvent des baies, de la crème et des éléments de pâtisserie.

Gâteau de princesse

Le gâteau de princesse suédois, ou Prinsesstårta, est un dessert au charme majestueux qui combine une génoise moelleuse, une crème glacée onctueuse et une somptueuse confiture de framboises sous un dôme de crème fouettée moelleuse. Sa marque de fabrique est l'enrobage de pâte d'amande vert vif, qui est généralement raffiné avec une rose sucrée en sucre. Ce dessert, réservé aux grandes occasions, est si populaire qu'il est célébré avec sa propre semaine en septembre.

Brioches à la cannelle

Les Kanelbullar, les populaires brioches suédoises à la cannelle, témoignent de la culture de la boulangerie du pays. Cette pâtisserie moelleuse et aromatique, rehaussée de cannelle et de cardamome, est un régal parfait avec une boisson chaude. Élément essentiel des pauses « fika » suédoises, ces petits pains sont une étreinte chaleureuse et sucrée de la tradition.

Semla

La pâte semla est une spécialité hivernale suédoise qui est traditionnellement consommée le mardi gras. Avec son petit pain épicé à la cardamome, sa pâte d'amande et sa couronne de crème fouettée, le tout saupoudré de sucre en poudre, c'est un doux clin d'œil au riche passé culinaire de la Suède.

Boules de chocolat

Chokladbollar, les boules de chocolat suédoises simples mais irrésistibles, combinent des flocons d'avoine, du sucre, du beurre et du cacao, roulés et enrobés de flocons de noix de coco. Ces bouchées sans cuisson sont un succès auprès des enfants et des adultes et mettent en valeur le délice simple des friandises suédoises.

Gingerbread

Le Pepparkakor, le pain d'épices typiquement suédois, emplit les maisons de leur parfum festif. Ces biscuits croquants et épicés sont une tradition de Noël qui est souvent faite dans des formes ornées et partagée lors des fêtes de Noël. Ce sont plus que de simples bonbons ; ce sont des emblèmes de l'unité suédoise.

Petits pains au safran

Les Lussekatter, les rouleaux de safran dorés, sont au cœur des célébrations de Lucia en Suède le 13 décembre. Sa saveur unique de safran est à la fois parfumée et légèrement sucrée, ce qui en fait non seulement une friandise savoureuse, mais aussi un symbole de la magie des coutumes de Noël suédoises.

Ensemble, ces plats brossent un tableau de la riche culture culinaire de la Suède, où chaque bouchée raconte une histoire de survie, de célébration et de lien profond avec la terre et la mer.

Culture Fika : traditions du café et du gâteau

« Imaginez que vous receviez un message d'un ami que vous n'avez pas vu depuis des lustres vous invitant à un fika. C'est une suggestion qui fait chaud au cœur. La camaraderie est tout aussi importante que la délicieuse combinaison d'un café chaud et d'une friandise sucrée - le brioche suédoise à la cannelle étant souvent le favori du fika.

La tradition du fika est tellement ancrée dans la culture suédoise que certaines entreprises incluent même des pauses fika dans leurs contrats de travail. C'est une stratégie intelligente, car prendre du temps pour le fika est connu pour remonter le moral et augmenter la productivité.

Fika est un terme polyvalent utilisé à la fois comme nom et comme verbe que vous pouvez apprécier à l'intérieur ou au milieu de la beauté de la nature. Le droit d'accès public de la Suède vous permet de profiter du fika à peu près n'importe où, ce qui en fait une activité populaire les jours ensoleillés, que vous soyez dans les bois ou dans un parc local.

Mais quand le fika a-t-il existé ? On pense que le terme provient d'un jeu créatif avec les lettres de « Kaffi », une ancienne orthographe du café qui a fait son chemin en Suède dans les années 1700. Au départ, tout tournait autour du café, mais au fil du temps, les pâtisseries sucrées, souvent appelées « fikabröd », et l'interaction sociale sont devenues une partie intégrante de l'expérience. L'avènement des pâtisseries au 19ème siècle a cimenté le fika en tant que rituel de café et de gâteau chéri entre amis.

Vous vous demandez par où commencer avec votre sélection de produits de boulangerie suédois ? Voici cinq éléments essentiels du fika :

5 friandises Fika que vous devriez absolument essayer :

- **Gâteau de princesse :** Si la Suède avait un gâteau national officiel, ce serait le « Prinsesstårta ». Imaginez une génoise moelleuse avec une garniture crémeuse à la crème fouettée à la vanille, le tout enveloppé dans une couverture en pâte d'amande verte, souvent surmontée d'une rose en pâte d'amande rose. Alors que les versions modernes contiennent parfois de la confiture de framboises, ce n'est pas le cas de la recette classique de « Prinsessornas Nya Kokbok » de 1948.

- **Gâteau aux fraises :** En été, le gâteau aux fraises ('jordgubbstårta') rivalise avec le gâteau des princesses. C'est un favori fait maison avec des couches de génoise, de crème à la vanille et de confiture de fraises (ou de fraises fraîches avec du sucre), le tout sous une couverture de crème fouettée garnie de fraises fraîches.

- **Gâteau au chocolat collant :** Le « Kladdkaka » ou gâteau gluant est le rêve d'un amateur de chocolat. Sa texture collante le fait ressortir (et certains dis-le sont encore meilleurs qu'un brownie), surtout lorsqu'il est associé à de la crème fouettée ou des baies fraîches.

- Sept types de biscuits : Cette tradition est si populaire qu'elle a son propre livre de cuisine. Depuis la fin du 19e siècle, c'est une norme sociale de faire cuire sept biscuits différents – tout le reste était avare, tout le reste était frimeur. Aujourd'hui, cette coutume revient à la mode, et ces biscuits, souvent fabriqués à partir de la même pâte de base, sont étonnamment faciles à préparer à la maison.

- **Brioches à la cannelle :** La « Kanelbulle » appartient fermement au Fika Hall of Fame. Sa douceur aromatique et sa texture semblable à celle du pain le rendent incroyablement rassasiant. C'est un aliment de base dans les cafés et les boulangeries suédoises - il suffit de suivre le parfum irrésistible, mmm pour trouver un lot frais pour accompagner votre pause-café.

Fêtes et célébrations traditionnelles

Les Suédois adorent faire la fête, et leurs célébrations vont des rassemblements décontractés en plein air aux événements plus formels. Pensez au banquet Nobel, un événement opulent qui a lieu chaque année le 10 décembre et qui est télévisé pour que tout le monde puisse le voir. Explorons quelques-uns des moments les plus marquants du calendrier des festivals suédois, qui s'étend de Pâques au début de la nouvelle année.

Pâques

À Pâques, les ménages suédois se réunissent autour d'un buffet traditionnel de Pâques. La pâte à tartiner contient souvent des délices tels que du hareng mariné, des œufs, de l'agneau, du saumon et la tentation de Jansson - un plat copieux de pommes de terre et de sprats. Fromage, pain croustillant et pommes de terre sont également au menu, accompagnés de l'habituelle boisson suédoise de Pâques « påskmust » et d'un verre de schnaps. Vous trouverez également des maisons joyeusement décorées de branches de bouleau ornées de plumes lumineuses.

Nuit de Walpurgis (Valborgsmässoafton), 30 avril

Si vous avez envie d'une soirée de chansons dans toute la Suède, assurez-vous d'y être le 30 avril. Cette soirée, connue sous le nom de Valborgsmässoafton, est marquée par l'allumage de grands feux de joie au crépuscule. Alors que les flammes lèchent le ciel, des chorales locales se produisent pour chanter la sérénade à la foule avec des chansons disant au revoir à l'hiver et accueillant le printemps. L'un des endroits les plus populaires pour s'impliquer à Stockholm est le musée en plein air de Skansen.

Période de remise des diplômes (« étudiants »)

À la fin du mois de mai et au début du mois de juin, vous pouvez voir de nombreux jeunes dans les centres-villes suédois portant des casquettes d'étudiant, mmm célébrant la fin de leurs études secondaires ou de leur « lycée ». Les villes organisent souvent des défilés au cours desquels les étudiants sont conduits dans des camions et des tracteurs, connus sous le nom de « flocons d'étudiants ». Cette période de remise des diplômes est également remplie d'événements, notamment des bals publics d'étudiants et des réceptions privées à la maison. Bien que l'alcool soit généralement interdit lors de ces événements, il joue indéniablement un rôle important dans les festivités.

Fête nationale suédoise, le 6 juin

La fête nationale, anciennement connue sous le nom de « Jour du drapeau suédois », est célébrée en l'honneur de l'élection de Gustav Vasa comme roi de Suède en 1523, qui marque l'émergence de l'État suédois. La journée est inondée des couleurs nationales bleu et jaune.

Midsummer

Les célébrations du solstice d'été, comme celles photographiées dans le Västergötland, sont une affaire nationale en Suède. Des bouleaux, des fleurs et un arbre de mai sont essentiels pour les coutumes du milieu de l'été. Le solstice d'été a lieu à la fin du mois de juin, juste avant le solstice d'été et le jour le plus long de l'année, et c'est un moment fort pour les Suédois et les touristes, généralement apprécié dans les zones rurales.

Fêtes du Cancer

La première quinzaine d'août est le moment des fêtes du cancer. Ces festivités sont connues pour l'abondance d'alcool et de bière. Les participants portent souvent des chapeaux en papier fantaisistes, des bavoirs amusants et utilisent des serviettes décorées de motifs de crabe. Si le temps le permet, ces fêtes ont lieu à l'extérieur.

Prix Nobel

Les illustres prix Nobel seront décernés le 10 décembre, suivis du banquet Nobel à l'hôtel de ville de Stockholm, un spectacle qui sera retransmis à la télévision pour que tout le monde puisse le voir. Ces prix, qui commémorent Alfred Nobel, le chimiste et inventeur suédois connu pour la production de dynamite, symbolisent l'apogée des réalisations dans divers domaines. Dans la vieille ville de Stockholm, Gamla stan, vous pouvez visiter le musée du prix Nobel, et il y a des rumeurs selon lesquelles un grand centre Nobel est prévu près du musée Fotografiska au cœur de la ville.

Vous avez peut-être croisé des photos de filles suédoises ornées de lumières dans les cheveux, prises le 13 décembre. C'est à ce moment-là que les Suédois honorent Sainte-Lucie, leur Reine de la Lumière. Aux premières heures du matin, les enfants régalent leurs parents avec un réveil avec des chansons de Lucia directement dans la chambre.

Tout au long de la journée, vous assisterez à des défilés de Lucia dans des endroits tels que des garderies, des écoles et des maisons de retraite. Lucia symbolise l'espoir de jours meilleurs dans les longs et sombres hivers suédois. Notre cliché ici est du centre commercial Nordstan à Göteborg, où les bandes bleues se détachent car elles sont généralement rouges.

À l'approche de Noël, il y a des marchés festifs dans les grandes villes de Stockholm, Göteborg et Malmö. Mais vous pouvez également tomber sur ces marchés à la campagne, comme en Scanie et en Småland, où Huseby Bruk près de Växjö est un endroit de choix. Également connue sous le nom de « ville de Noël », Göteborg attire les visiteurs avec son parc d'attractions sur le thème de Noël, Liseberg.

Le réveillon du Nouvel An est célébré en fanfare, avec des feux d'artifice illuminant le ciel à Stockholm, Göteborg et Malmö, ainsi que dans d'autres villes et villages.

Art et design : à la découverte de la créativité suédoise

La Suède est connue pour son approche innovante et écologique du design, ce qui en fait un pôle d'attraction pour les étudiants passionnés d'art et de design. Le pays dispose d'une sélection de 61 programmes d'études d'art et de design qui se concentrent sur le design moderne, la mécanique appliquée, le design d'interaction et les beaux-arts.

Prenons, par exemple, l'Institut royal d'art en Estocolmo. Il propose un programme de maîtrise de deux ans en beaux-arts enseigné en anglais, et propose même un cours de courte durée axé sur la philosophie dans le monde de l'art.

Ensuite, il y a Konstfack, la plus grande université d'arts, d'artisanat et de design de Suède, qui propose une vaste gamme de programmes et de cours dans ces domaines créatifs.

Parmi les autres universités suédoises renommées dans le domaine de l'art et du design, citons l'Université de Lund, l'Université de Stockholm, l'Université d'Uppsala et l'Institut royal de technologie KTH. Parmi eux, l'Université de Lund est particulièrement connue pour son expertise en matière de recherche dans le domaine de l'art et du design et se dresse fièrement au sommet de la Suède.

Un autre acteur important est l'Académie d'art et de design HDK-Valand de l'Université de Göteborg. Cette institution est connue pour ses programmes d'études spécialisés dans un environnement international dynamique, couvrant des domaines tels que le design, le cinéma, la photographie, les beaux-arts, l'artisanat, la composition littéraire et même la formation des enseignants en beaux-arts et Sloyd.

Konstfack ne se repose pas seulement sur ses lauriers en tant que plus grand pays de Suède. Elle repousse également les limites avec une formation doctorale en « Pratique artistique en arts visuels, appliqués et spatiaux », ayant récemment ouvert quatre postes de doctorat qui marquent sa première cohorte de doctorat.

Les programmes de master de Konstfack sont conçus pour stimuler la réflexion, encourager la pensée critique, améliorer les compétences pratiques et aider les étudiants à affiner leurs projets personnels. Ils ont même ouvert la voie à des études de recherche et à des carrières professionnelles.

Les écoles d'art et de design suédoises donnent aux étudiants les clés de certains des meilleurs ateliers d'Europe, parfaits pour fabriquer des prototypes, des objets et des produits, et expérimenter avec les matériaux.

Situées dans les villes animées de Stockholm, Göteborg, Lund et Uppsala, ces installations offrent aux étudiants une mosaïque culturelle riche et diversifiée dont ils peuvent s'inspirer.

Essentiellement, la Suède est un phare pour ceux qui sont attirés par le monde de l'art et du design, grâce à son leadership en matière de design fonctionnel et respectueux de l'environnement. Le paysage éducatif du pays est parsemé d'une variété de programmes d'art et de design, soutenus par une recherche de classe mondiale, des diplômes spécialisés et l'accès à des installations de pointe.

CHAPITRE 5 : CURIOSITÉS HISTORIQUES

Palais royaux et châteaux

La monarchie suédoise, avec plus de mille ans d'histoire, est considérée comme l'une des plus durables au monde. Au Moyen Âge, le pays était divisé en deux royaumes : Svea au centre et Göta au sud. À l'époque, la Suède était un poids lourd de la région. Pour cette raison, vous tomberez sur un certain nombre de châteaux et de lieux royaux de cette période dans la région de Stockholm.

Chaque château est un régal pour les yeux, offrant des designs et des décorations uniques qui reflètent l'évolution des styles et des préférences des résidents royaux.

Parlons des fouilles actuelles de la famille royale suédoise, où tout tourne autour du flair de la Renaissance et du baroque. Le roi Carl XVI Gustaf, qui trône depuis 1973, et la reine Silvia ont partagé leur temps entre deux lieux chargés d'histoire : le palais royal de Stockholm et le palais de Drottningholm.

Le palais royal, au cœur de Stockholm, est un géant parmi les châteaux européens. C'est l'endroit où le roi accroche sa couronne, principalement pour le travail et les événements chics. Conçu par

Nicodème Tessin le Jeune, c'est un coin de paradis baroque italien inspiré des palais romains.

Drottningholm est une autre histoire, avec son ambiance de la Renaissance française qui rappelle les designs européens de la fin des années 1600. Achevé en 1699 pour la reine Hedvig Eleonora, c'est le palais le plus original de Suède et un site du patrimoine mondial de l'UNESCO. Le génie derrière cette beauté ? Nicodème Tessin l'Ancien. Et vous savez quoi ? La famille royale y vit depuis 1981.

Si vous avez envie d'une journée inoubliable, visitez le château de Drottningholm. C'est un endroit calme sur l'île de Lovön, à deux pas de Stockholm, et vous pouvez vous y rendre en bateau, en voiture ou en transports en commun.

Le roi et la reine gardent leurs appartements privés dans l'aile sud, mais le reste du palais et ses magnifiques jardins sont à votre disposition à tout moment de l'année. Ne manquez pas le théâtre du château de Drottningholm - le meilleur théâtre d'Europe du 18ème siècle, qui porte encore sa technologie scénique d'origine. En été, assistez à un spectacle ou à une visite guidée.

Et puis il y a le pavillon chinois au fond du parc du palais – un vrai bijou. Le roi Adolf Fredrik a surpris la reine Lovisa Ulrika avec ce pavillon exotique pour son anniversaire en 1753. Elle était totalement ravie et l'a qualifié de « véritable château de conte de fées - le plus beau bâtiment que vous puissiez imaginer ». À l'intérieur, tout tourne autour du style rococo sino-suédois, avec d'authentiques artefacts chinois et de somptueuses tentures murales en soie et en papier.

Découvrez les points forts royaux de Stockholm en une seule journée - visitez le Grand Palais Royal, l'église historique de Riddarholmen et les prestigieuses écuries royales

Le palais royal de Stockholm est un symbole colossal de l'histoire et de la culture. Pour ceux qui veulent s'immerger dans la splendeur royale, un voyage dans ce complexe tentaculaire, qui abrite plusieurs musées, est un must. Enrichissez votre voyage royal avec des visites d'attractions à proximité telles que l'église de Riddarholmen et les écuries royales.

L'église de Riddarholmen, le seul monastère médiéval de Stockholm qui subsiste, sert de lieu de sépulture aux rois et reines suédois. Presque tous les souverains suédois de Gustave II Adolfo de 17 años. siècle à Gustave V au 20ème siècle, à l'exception notable de la reine Christine, se trouvent ici. L'église est ouverte pendant les mois les plus chauds et accueille un certain nombre de concerts tout au long de l'année.

En explorant les châteaux de Suède, gardez un œil sur les chapelles et les églises locales souvent négligées, chacune ayant sa propre histoire.

Les écuries royales sont un élément central du patrimoine royal de Stockholm. Ces écuries sont situées dans le quartier exclusif d'Östermalm et ont des racines qui remontent au règne du roi Gustav Vasa. Aujourd'hui encore, ils jouent un rôle dans les cérémonies d'État et les ouvertures parlementaires. Des visites guidées des écuries sont proposées tout au long de l'année, offrant un aperçu de cette tradition durable.

Découvrez la royauté de Djurgården et le charmant château de Rosendal

Royal Djurgården, le sanctuaire urbain verdoyant de Stockholm, est sous la garde royale depuis le 15ème siècle. Ce parc national urbain forme un paysage varié de forêts, de cours d'eau et d'animaux sauvages, et offre une retraite naturelle avec des cerfs, des renards et des oiseaux rares. En plus de sa beauté naturelle, Djurgården offre des trésors culturels tels que le musée nordique et le musée en plein air de Skansen.

Dans cette étendue verdoyante, vous trouverez également le charmant palais de Rosendal. Cette maison d'été a été construite au début du 19ème siècle et met en valeur le style architectural de Karl Johan. Ouvert aux visites guidées pendant les saisons les plus ensoleillées, le palais de Rosendal invite les visiteurs à voyager dans le temps et à explorer son histoire et son élégance.

Admirez le pavillon de Gustave III, un chef-d'œuvre néoclassique

Témoignage de l'histoire de l'art suédois, le pavillon de Gustave III est situé dans le paisible parc Haga, juste à l'extérieur du centre animé de Stockholm. Apogée du néoclassicisme de la fin du XVIIIe siècle en Europe, ce pavillon reflète la vision du roi Gustave III et de l'architecte Olof Tempelman, avec des intérieurs du célèbre Louis Masreliez.

Tragiquement, le roi Gustave III n'a profité de son pavillon bien-aimé que pendant une courte période avant d'être assassiné en 1792. Aujourd'hui, les visiteurs peuvent explorer le pavillon en été et c'est l'endroit idéal pour un pique-pittoresque au parc Haga, qui offre un paysage de style anglais avec un lac et des bâtiments fascinants tels que le pavillon chinois et le temple Echo. Accessible en transports en commun ou à vélo, le parc Haga est un havre de paix idyllique à l'écart de la ville.

Sites du patrimoine viking

La Suède, célèbre pour être le berceau d'Ikea et de Volvo, est également célèbre pour son riche héritage viking. C'est un fait peu connu que de nombreux voyages vikings sont originaires de Suède, beaucoup se dirigeant vers l'est pour faire du commerce. Si vous êtes fasciné par la perspective de vous plonger dans l'histoire des Vikings ou de vous immerger dans leur mode de vie, la Suède offre cinq destinations incontournables. Ces lieux offrent un aperçu approfondi de la culture et du mode de vie des Vikings. Pourquoi ne pas offrir à vos proches ou à un ami une expérience inoubliable d'apprentissage et d'aventure ?

Voici le top 5 des destinations vikings en Suède :

1. Village viking de Birka

Birka a été reconnue par l'UNESCO comme un site du patrimoine mondial et est l'une des trois attractions vikings les plus populaires de Suède. Il propose des visites guidées d'anciennes tombes, de cabanes en bois et de pierres runiques. Les visiteurs peuvent également explorer un musée décrivant la vie viking et profiter d'une plage pendant les mois d'été. En tant que première ville de Suède et grand centre commercial européen, Birka occupe une place particulière dans l'histoire.

2. Pueblo de vida de Storholmen

Storholmen est un musée d'histoire vivante géré par une organisation à but non lucratif. Il présente des habitations reconstituées, des jeux traditionnels et de l'artisanat, le tout animé par un personnel vêtu de costumes d'époque. Pensez-y comme à un parc à thème viking où vous pourrez apprendre des habitants, comme un forgeron qui vous montrera comment fabriquer des armes. Vous découvrirez également les secrets qui se cachent derrière les anciennes runes vikings.

3. Musée en plein air de Foteviken

Foteviken est situé dans le sud de la Suède et offre une perspective unique sur la vie viking. Au lieu de reproduire un village existant, il simule le développement d'une nouvelle colonie. Ici, vous pourrez assister au fonctionnement interne d'une communauté en plein essor, de son système juridique et de ses sanctions à son artisanat, ses compétences et ses pratiques commerciales.

4. La pierre runique Rök

Bien qu'il ne s'agisse pas d'un village, la pierre runique de Rök est un artefact emblématique avec la plus longue inscription runique au monde, qui aurait été sculptée par les Vikings. Il est également considéré comme la première œuvre de la littérature suédoise. Les inscriptions de la pierre, remplies d'énigmes et d'énigmes, ont longtemps fait l'objet de débats scientifiques.

5. Maison viking Stornäset

En Dalécarlie, le Stornäset offre un aperçu plus personnel de la vie des Vikings. Dans ce village reconstitué, vous pouvez vivre comme un Viking – vous pouvez même vous essayer au brassage de votre propre bière ! C'est un cadre plus petit et plus intime, c'est donc une bonne idée de nous contacter à l'avance, mmm pour vérifier toutes les réservations nécessaires (le site est en suédois).

Si vous souhaitez faire un voyage historique à travers le passé viking de la Suède, vous devriez visiter ces sites fascinants. Il suffit de monter dans votre voiture, de rouler le long de l'E45 et de faire des arrêts culturels, mmm pour enrichir votre compréhension du patrimoine suédois.

Dans la municipalité d'Ale, près de Göteborg, vous trouverez même une ferme où les habitants reconstituent la vie viking, avec des marchés en plein air, une remise en forme de style viking (pensez à l'entraînement au combat) et un aperçu de leurs routines quotidiennes.

Musées en plein air

La Suède possède une collection de musées en plein air, dont Skansen se distingue comme le plus important et le plus prestigieux d'entre eux. Situé sur l'île de Djurgården à Stockholm, Skansen a été fondé en 1891 grâce aux efforts d'Artur Hazelius. Son objectif était de capturer et d'exposer le mode de vie typiquement suédois.

Ce musée est un trésor de plus de 150 bâtiments et constructions historiques de toute la Suède. C'est comme retourner dans une ville du 19e siècle où l'on peut observer les artisans pratiquer leur métier dans des environnements rappelant le passé.

Non seulement Skansen offre une fenêtre sur l'histoire de l'humanité, mais il offre également un zoo en plein air qui abrite une sélection d'animaux de la nature sauvage scandinave, ainsi que certaines espèces de l'extérieur de la région.

Avec plus de 1,3 million de visiteurs par an, Skansen est une plaque tournante des célébrations culturelles, offrant tout, des marchés de Noël aux danses folkloriques traditionnelles et aux concerts d'été.

S'y rendre fait partie de l'aventure, car un funiculaire et les tramways historiques de la ligne 7 vous emmèneront à ce joyau culturel.

Parmi les autres musées en plein air notables en Suède, citons Cultures à Lund – l'un des plus anciens et des plus étendus du pays – et Jamtli à Östersund, qui se concentre sur le patrimoine du Jämtland et du Härjedalen.

Fondée un an après Skansen, la Kulturen à Lund est un paradis culturel avec plus de 30 bâtiments historiques, dont une église médiévale et un manoir du XVIIe siècle. C'est un lieu animé pour des événements tels que des marchés médiévaux et des ateliers.

Jamtli, fondé en 1912 à Östersund, est un autre sanctuaire historique avec plus de 70 bâtiments. C'est un lieu où l'histoire prend vie grâce à des reconstitutions et des ateliers pratiques, offrant une compréhension plus profonde du passé.

Entrez dans Skansen, le musée en plein air pionnier au monde, et laissez votre curiosité vagabonder vers les plus de 150 bâtiments et fermes historiques. À deux pas du musée Vasa de Djurgården, Skansen offre un aperçu fascinant du mode de vie historique de la Suède.

Avec votre billet Klook, vous pourrez admirer ces bâtiments soigneusement déplacés et de fascinantes démonstrations d'artisanat. Assistez à l'art du soufflage du verre, prenez des photos de moulins à vent et d'églises en bois aux racines ukrainiennes, et rencontrez même la faune scandinave.

Un conseil pratique pour les visiteurs : les personnes en fauteuil roulant peuvent accéder au musée par l'entrée Hazelius et utiliser le funiculaire gratuitement, à condition d'être accompagnées d'un accompagnateur. Et pour un délicieux repas en plein air, pensez à pique-à l'un des endroits désignés sur Offerholmen ou dans d'autres endroits pittoresques de l'enceinte du musée.

Essentiellement, les musées en plein air de Suède, dirigés par Skansen, offrent un voyage immersif dans la riche histoire et la culture du pays, captivant les visiteurs avec des expositions interactives et une variété d'activités qui donnent vie au patrimoine suédois.

Patrimoine mondial

L'UNESCO a reconnu 15 sites remarquables du patrimoine mondial en Suède, aux côtés de trésors mondiaux tels que les pyramides égyptiennes, la Grande Muraille de Chine, l'Acropole grecque et certaines des cathédrales les plus magnifiques du monde.

1. Port naval de Karlskrona (1998)

Situé dans le sud de la Suède, le port naval de Karlskrona est un excellent exemple de base navale européenne datant du 17ème siècle. Il a été fondé en 1680 et est l'un des rares endroits où l'on peut encore voir des installations de construction navale d'origine pour les navires de guerre à voile. Cet endroit possède des fortifications bien conservées, le chantier naval, le port, la ville historique et les installations à proximité.

Karlskrona propose une variété d'hébergements, dont beaucoup avec vue sur la mer, ainsi qu'une gamme de restaurants, de cafés et de bars.

2. Paysage agricole du sud d'Öland (2000)

L'île d'Öland, à deux pas de la côte sud-est de la Suède, est un paradis estival. La famille royale suédoise passe même ses étés ici, au château de Solliden. Le sud de l'Ölland se caractérise par un climat sec et un vaste plateau calcaire. Malgré ces conditions, les gens ont prospéré ici pendant 5 000 ans, créant un paysage distinctif et un patrimoine culturel qui subsistent encore aujourd'hui. L'accès à l'île se fait par un pont de six kilomètres de long depuis Kalmar.

3. Ville hanséatique de Visby (1995)

Au nord d'Öland se trouve Gotland et sa ville historique de Visby, une station balnéaire suédoise populaire. Datant du 12ème siècle, Visby est une ville hanséatique exceptionnellement bien conservée avec des ruines médiévales et une muraille circulaire avec des tours d'origine. Visby est un trésor pour ceux qui s'intéressent à l'histoire et à la culture.

Visby offre une abondance de restaurants et d'hébergements, mais assurez-vous de réserver à l'avance pour une visite en juillet.

4. Estación de radio Grimeton, Varberg (2004)

Sur la côte ouest de la Suède se trouve la station de radio Grimeton à Varberg, qui constitue un patrimoine culturel unique. Construit dans les années 1920, il s'agit d'un exemple remarquablement intact des premières télécommunications avec ses bâtiments, son système de transmission et ses tours en acier. C'est le dernier du genre à utiliser la technologie pré-électronique, ce qui en fait un arrêt fascinant, même pour ceux qui ne s'intéressent pas à l'histoire de la radio.

La station de radio Grimeton est située à environ 9,5 kilomètres de la ville de Varberg, nichée dans la pittoresque province de Halland.

5. Gravures rupestres à Tanum (1994)

Les pétroglyphes fascinants de Tanum sont connus pour leur importance en tant qu'art de l'âge du bronze. Il existe environ 1 500 sculptures rupestres connues dans la région de Bohuslän, dans l'ouest de la Suède, dont celle de Tanum. Les sculptures, comme les célèbres jeunes mariés de Vitlycke, sont un incroyable aperçu du passé. Explorez ces œuvres d'art anciennes sur un sentier bien balisé de six kilomètres.

En plus de son importance historique, la région de mmm Tanum est également connue pour ses délicieux fruits de mer et ses aventures en plein air.

CHAPITRE 6 : DES ACTIVITÉS POUR CHAQUE SAISON

Aventures hivernales

1. Profitez des sensations fortes d'une balade en traîneau à chiens

Avez-vous déjà rêvé de vous connecter avec les animaux, de sentir l'air frais et de profiter de la nature sauvage ? Embarquez pour une aventure en traîneau à chiens dans le nord de la Suède ! Le royaume enchanteur de la Laponie suédoise offre des escapades inoubliables. Que vous optiez pour un court voyage ou une expédition plus longue, piloter votre propre attelage de huskies à travers les étendues glacées des lacs, des forêts enneigées et des panoramas de montagne à couper le souffle est une escapade hivernale pas comme les autres.

2. Accordez-vous du temps pour skier pendant votre pause

Imaginez-vous en train de faire de la randonnée sur les pistes de ski de fond en plein cœur des villes animées de Suède ! Que vous vous détendiez après le travail ou que vous vous évadiez pendant votre pause déjeuner, prenez une collation dans une boulangerie locale, n'oubliez pas votre café pour l'essentiel fika et dirigez-vous vers un sentier de la ville à proximité. À Stockholm, des endroits comme Nacka et Djurgården vous attirent, tandis que Hammarbybacken invite les amateurs de sensations alpines. Et pour des vacances au ski parfaites, les stations de ski telles qu'Åre et Sälen sont les endroits idéals.

3. Découvrez la splendeur des aurores boréales

Il n'y a rien de tel que le ballet céleste des aurores boréales baignant le ciel de couleurs vives. Du début de l'automne à la fin du mois de mars, le nord de la Suède devient le théâtre de ce phénomène fascinant. C'est un spectacle à ne pas manquer, avec des endroits comme Abisko offrant certaines des plus belles vues du monde.

4. Perfectionnez vos habiletés de patinage

Lorsque le froid de l'hiver transforme les lacs et les rivières en patinoires de verre, c'est le moment idéal pour enfiler vos patins et partir sur la glace de la nature. Cela peut être effrayant au début, mais lorsque vous glissez sans effort et écoutez la mélodie du vent, le sentiment de libération au milieu de paysages pittoresques est captivant. Pour les débutants ou ceux qui veulent se perfectionner, des visites guidées sont proposées pour que chacun puisse profiter de la glisse en toute sécurité et en toute confiance.

N'oubliez pas que la sécurité est primordiale lorsque vous vous aventurez sur de la glace naturelle, alors soyez bien préparé avec des connaissances et le bon équipement.

5. Plongez dans des aventures de pêche sur glace

Pour ceux qui aiment la pêche, la Suède est un pays des merveilles hivernales avec une variété de lacs, de grandes rivières et un vaste littoral d'îles. Essayez-vous à la pêche sur glace, où vous pourrez percer la glace, le brochet, la perche ou l'omble chevalier. Plus tard et plus clairement en hiver ou au début du printemps, la pêche sur glace peut être une activité encore plus agréable. Et pour ceux qui préfèrent la périphérie de la ville ou les spots côtiers, la Suède offre une sélection variée d'expériences de pêche.

Délices d'été

1. Immergez-vous dans les côtes écologiques de Malmö

Malmö, la troisième plus grande ville de Suède, possède sa propre Copacabana sous la forme de la plage de Ribersborg, ou « Ribban ». Cette plage de sable de 2,5 kilomètres de long est entourée de paysages verdoyants.

À proximité, Westhafen ou Västra Hamnen, avec ses plates-formes de bain en bois bordant la promenade, brille comme un autre joyau de l'été suédois. À seulement cinq minutes à vélo du centre-ville, ce quartier respectueux de l'environnement est né de la Bo01

Housing Expo et est aujourd'hui une plaque tournante de l'architecture fascinante. En été, les restaurants et les cafés sont animés par l'activité.

2. Faites l'expérience de la vie de chalet

Avec près de 600 000 maisons de vacances privées dans toute la Suède, les retraites d'été recherchées se trouvent principalement dans le Småland, la Scanie et l'Öland. Néanmoins, il existe de charmantes maisons de vacances dans tout le pays.

La maison d'été suédoise, ou Sommarstuga, n'est pas seulement l'une des préférées des habitants – les visiteurs des Pays-Bas, du Danemark, de Norvège et d'Allemagne ont également succombé à son attrait. Pour vraiment vivre comme un Suédois en été, vous devriez passer quelques nuits dans l'un de ces hébergements confortables.

3. Aventurez-vous à Gotland

Gotland est la plus grande île de Suède. La ville médiévale de Visby, classée au patrimoine mondial de l'UNESCO, est une mosaïque de ruelles pavées historiques et de murs fortifiés, ainsi que de restaurants et de boutiques modernes.

Fårö, une petite île au nord-est de Gotland, était la maison du célèbre réalisateur Ingmar Bergman. Le littoral est sillonné de formations calcaires distinctives connues sous le nom de raukar.

4. Visiter les festivals en Occident

L'été en Suède est généralement synonyme de festivals. Le Way Out West de Göteborg, ou WOW en abrégé, est le premier événement musical du pays, attirant un nombre record de 50 000 visiteurs en 2022.

Organisé dans le parc Slottsskogen, WOW met en valeur des talents musicaux exceptionnels engagés en faveur de la durabilité et ne sert que des plats végétariens depuis 2012, ce qui a permis de réduire de 20 % l'empreinte CO_2 du festival. Les chemins de fer de l'État SJ soutiennent cette initiative verte en exploitant un train spécial pour le festival au départ de Stockholm.

5. Découvrir les archipels

La richesse des lacs et des îles de la Suède comprend les archipels accessibles de Göteborg et de Stockholm. La navigation de plaisance et le kayak sont des passe-temps populaires, facilités par l'Allemansrätt – le droit d'accès du public. Cela permet d'explorer de manière indépendante des îles et des baies éloignées. Étant donné que la Suède se classe au quatrième rang mondial en termes de densité de bateaux de plaisance, il existe de nombreux navires.

6. Profitez du charme du front de mer d'Estocolmo

Estocolmo, la « Venise du Nord », orne 14 îles où le lac Mälaren rencontre la mer Baltique. La ville vous invite à vous baigner sur l'une des 30 plages officielles ou sur l'un des nombreux sites non officiels. Depuis 1971, les eaux du lac Mälaren sont suffisamment propres pour la pêche et la baignade. Vous ne trouverez pas de guide des stations balnéaires de Stockholm.

Un autre conseil pour les soirées d'été lumineuses de la capitale suédoise est l'ascension du Skinnarviksberget à Södermalm. Là, vous pourrez profiter de la vue et participer à un barbecue improvisé.

7. Récoltez des myrtilles en Dalécarlie

La Dalécarlie incarne la culture suédoise avec ses maisons en bois rouge, ses forêts luxuriantes et ses chevaux Dala emblématiques. La teinte rouge caractéristique des huttes provient du minerai de cuivre de Falun mélangé à de l'huile de lin. Les peintres renommés Carl Larsson et Anders Zorn ont utilisé une palette plus large pour représenter l'essence de la Dalécarlie.

Au milieu des festivals animés du milieu de l'été et de la musique folklorique traditionnelle, vous pouvez trouver du réconfort en faisant une randonnée dans la forêt, mmm pour cueillir des myrtilles en toute tranquillité.

Charme automnal

1. Prenez quelques instants pour profiter du feuillage d'automne.

Profitez de ces mois plus calmes et ensoleillés pour vivre des vacances uniques. Voyagez à travers la Suède, que ce soit de haut en bas ou vice versa, à un rythme tranquille et de manière écologique. Quel que soit l'endroit où vous allez, un trajet en train offre l'occasion idéale d'admirer le paysage automnal vibrant à votre guise, peut-être avec un café à la main ou un livre à lire.

2. Explorez les voies navigables de la Suède en kayak.

Avec ses nombreux skerries, lacs, rivières et canaux, la Suède est un paradis pour les pagayeurs. Profitez de la liberté de l'eau et laissez-vous dériver à travers les paysages calmes et automnaux. N'oubliez pas de lire les consignes de sécurité et de vous équiper correctement avant de vous lancer dans votre aventure aquatique.

3. Embarquez pour une randonnée pour profiter des vues panoramiques.

Le temps plus frais et l'absence de moustiques créent des conditions idéales pour la randonnée. La Suède offre une variété de sentiers de randonnée, des randonnées épiques de longue distance aux randonnées d'une journée tranquilles. Habillez-vous de manière appropriée, choisissez des chaussures robustes et partez profiter des couleurs d'automne impressionnantes dans le sud ou des vues à couper le souffle dans le nord et de la neige précoce.

4. Cueillez et régalez-vous en plein air.

Pendant les mois de septembre et octobre, les Suédois recherchent souvent des champignons tels que les girolles et les cèpes et récoltent des baies dans les forêts. L'Allemansrätten ou droit d'accès public vous permet de profiter de la campagne suédoise à condition de respecter la nature et les autres. Participez au projet « Terre comestible » et utilisez vos trouvailles collectées pour préparer un menu gastronomique en plein air basé sur des recettes de grands chefs suédois.

5. Vivez le frisson d'un sauna suivi d'un plongeon dans le lac.

Plongez dans la tradition suédoise passionnante d'une séance de sauna suivie d'un plongeon rafraîchissant dans le lac. Embrassez le rituel comme un local, puis prenez le temps de vous détendre et de vous immerger dans l'environnement naturel serein. Lors de votre prochaine visite, envisagez un séjour au bord d'un lac, mmm pour profiter pleinement de cette tradition.

6. Participez aux coutumes suédoises chéries.

Les Suédois ne sont pas seulement connus pour leur innovation, mais ils maintiennent également leurs traditions. Profitez de votre visite automnale pour participer aux festivités d'Halloween en famille dans un parc d'attractions ou un musée en plein air comme Liseberg à Göteborg ou Skansen et Gröna Lund à Stockholm.

Si vous êtes sur Noviembre en Estocolmo le 5, ne manquez pas de célébrer la Toussaint en Suède au cimetière Woodland, un site classé au patrimoine mondial de l'UNESCO. L'automne apporte également des traditions culinaires à découvrir, telles que les parties du crabe, la saison du surströmming et les safaris de homard et de truffe.

7. Découvrez les trésors culturels de la Suède.

L'automne est le moment idéal pour s'immerger dans l'offre culturelle du pays. Découvrez tout, de l'art moderne à l'art en plein air, en passant par les joyaux architecturaux, les maisons suédoises uniques et les lieux de design emblématiques à travers le pays. Avec 15 sites classés au patrimoine mondial de l'UNESCO à travers la Suède, vous devriez visiter au moins l'un d'entre eux pendant votre séjour.

Explorations printanières

Le printemps en Suède est plein de festivités culturelles. Vous pouvez participer aux festivités de Valborg dans tout le pays ou admirer les cerisiers en fleurs au jardin botanique de Göteborg.

Valborg, ou Walpurgisne, est un accueil du printemps le 30 avril. À l'origine, cet événement était destiné à chasser les sorcières et les mauvais esprits avec des feux de joie et des bruits forts. Voulez-vous faire l'expérience de Valborg ? Visitez une ville universitaire comme Uppsala, mmm pour assister à un concert de printemps de la chorale de l'université, et restez-y pour découvrir le plaisir qui s'ensuit.

Si vous cherchez quelque chose d'un peu plus calme, la performance de la chorale de Lundagard est un choix calme, mais gardez à l'esprit qu'elle devient plus animée au fur et à mesure que la journée avance.

Lorsqu'il s'agit de manger au printemps, les repas en plein air en Suède sont un régal. Accueillez la saison en choisissant des endroits qui servent des aliments locaux et de saison et qui contribuent à un mode de vie durable. Au printemps, recherchez des plats à base d'artichauts, d'abricots, de ciboulette, de fenouil et de petits pois.

Au cours de votre exploration, ne manquez pas les plats traditionnels suédois qui sont en accord avec l'esprit de la saison et la durabilité. Certains, comme la soupe aux myrtilles et le surströmming, peuvent prendre un certain temps pour s'y habituer, mais donnez-leur une chance, et vous pourriez tomber amoureux d'ici la fin de la saison.

Pour les cyclistes, Sydkustleden, la troisième piste cyclable nationale de Suède, est un rêve. Ce sentier de 260 km le long de la côte sud est parfait pour une promenade en voiture à la fin du printemps. Ouvert en 2019, le parcours est en parfait état et offre un aperçu de la faune diversifiée.

Le Sydkustleden serpente à travers des villages de pêcheurs pittoresques et des plages pittoresques. Si vous êtes prêt à conduire jusqu'au bout, il y a des auberges confortables et des chambres d'hôtes à votre disposition où vous pourrez vous reposer. Ou tout simplement faire un peu de vélo tous les jours, mmm pour voir la nature se réveiller au printemps et combiner le fitness avec une dose de pleine conscience.

Randonneurs, le Bohuslän est votre paradis avec des sentiers allant des promenades faciles aux randonnées difficiles. Le Kuststigen Trail est le rêve d'un randonneur et peut vous emmener jusqu'à

Oslo, avec des cascades, des forêts et de vieilles sculptures le long du chemin.

Bohuslän possède également d'excellents campings. Que vous préfériez une retraite en forêt ou une escapade au bord de la mer, faites vos valises judicieusement car certains endroits offrent une expérience rustique avec des équipements limités.

CHAPITRE 7 : TRUCS ET CONSEILS PRATIQUES

Langue et communication

Style de communication en Suède : Les Suédois s'engagent souvent dans une communication inclusive et invitent tout le monde à donner son point de vue. Ils restent généralement à l'écart des conflits et maintiennent un comportement calme en exprimant subtilement leur mécontentement, par exemple en détournant le regard ou en restant silencieux. La modestie est valorisée, donc la vantardise est rare. Si un Suédois prétend exceller dans quelque chose, il est probable qu'il possède vraiment une expertise importante.

Franchise dans le dialogue : En Suède, les gens sont connus pour leur communication ouverte, leur franc-parler et leur concentration sur le sujet à l'étude. Ils abordent les désaccords avec franchise, mais avec tact, et essaient toujours de rester polis.

Le respect tourne : Interrompre quelqu'un au milieu d'une conversation est mal vu en Suède, car cela peut signaler un désintérêt. Les Suédois s'entraînent à discuter à tour de rôle, chaque personne parlant sans arrêt jusqu'à ce qu'elle signale qu'elle a terminé, souvent avec une pause.

Consolation dans le silence : Les Suédois sont à l'aise dans les moments calmes et ne se sentent pas obligés de remplir tous les silences. Un silence prolongé pourrait indiquer un manque de désir de s'engager davantage dans la conversation.

Pronom neutre : En 2015, le pronom neutre « hen » a été introduit dans la langue suédoise, rejoignant « han » (il) et « hon » (elle). « Poule » peut être utilisé lorsque le genre est inconnu, non pertinent ou lié aux personnes transgenres.

Normes non verbales

Espace personnel : Les Suédois attachent une grande importance à l'espace personnel et préfèrent garder leurs distances avec leurs amis et leur famille, à environ une longueur de bras ou plus.

Contact physique : Bien que les Suédois soient traditionnellement réticents, ils deviennent progressivement plus ouverts aux démonstrations publiques d'affection. Les contacts légers entre amis et parents lors d'une conversation sont de plus en plus acceptés.

Contact visuel : Le maintien d'un contact visuel est crucial dans la communication suédoise, car il montre de l'intérêt et de l'engagement.

Gestes : Lorsqu'ils parlent, les Suédois utilisent généralement un minimum de gestes de la main.

Langue en Suède : Le suédois est la principale langue parlée par la plupart des habitants de la Suède.

Langues minoritaires : le same est parlé dans les régions septentrionales de la Suède, et le finnois est une autre langue minoritaire importante. En outre, la langue rom est parlée dans la communauté rom.

Suédois Au-delà de la Suède : Le suédois n'est pas seulement parlé en Suède. c'est aussi une langue officielle en Finlande.

Influences linguistiques : La langue suédoise a été influencée par le latin, l'allemand et le danois.

Contacts de sécurité et d'urgence

En Suède, il est important de connaître les bons numéros, mmm pour appeler différents types de sécurité et de situations d'urgence. Le numéro d'urgence principal est le 112, que vous ne devez composer que dans les situations critiques qui nécessitent une réponse immédiate, telles que des événements mettant la vie en danger, des dommages matériels graves ou des risques environnementaux.

Ce numéro vous connecte aux services nécessaires tels que l'ambulance, les pompiers, la police et diverses opérations de sauvetage et peut être joint 24 heures sur 24 depuis n'importe quel téléphone.

Pour les conseils médicaux moins urgents, le numéro à retenir est le 1177. Les infirmières sont toujours disponibles pour vous aider à décider si vous avez besoin d'une aide médicale supplémentaire et où aller. Cela peut vous faire gagner du temps et du stress, et vous pouvez également trouver des informations multilingues sur leur site Web.

Si vous avez besoin de contacter la police pour des situations non urgentes, composez le 114 14. Utilisez ce numéro pour déposer une plainte, obtenir des renseignements sur les passeports et les permis, ou parler à un agent de police en particulier.

Pour obtenir des mises à jour sur des incidents importants ou des urgences qui ne constituent pas une menace imminente, comme des accidents majeurs ou des crises publiques, appelez le 113 13.

Et n'oubliez pas que le centre antipoison suédois peut être contacté au 112 pour obtenir des conseils urgents en cas d'empoisonnement. Ils offrent un soutien 24 heures sur 24 pour des conseils de traitement en cas d'empoisonnement.

Gardez ces chiffres à portée de main, assurez-vous que vous pouvez agir rapidement et efficacement en cas de besoin. Être conscient de ces contacts vous aidera à mieux vous protéger et à protéger les autres en Suède dans diverses situations d'urgence et non urgentes.

Logement

Des paradis du ski et des merveilles du patrimoine culturel vous attendent dans les contreforts du nord de la Suède. Commencez par la ville côtière de Luleå et retrouvez-vous aux portes des paysages époustouflants de la Laponie suédoise. Il existe une variété d'auberges dans la ville, dont certaines sont situées dans des endroits riches en patrimoine culturel.

Jetez un coup d'œil à Ralph Lundstengården, un bed and breakfast situé dans une charmante ferme du XVIIIe siècle qui abritait autrefois le célèbre compositeur Ralph Lundsten. Il propose un hébergement confortable avec deux chambres doubles et un appartement plus grand pour quatre personnes, avec tous les éléments essentiels tels que le linge de lit et les serviettes.

STF Gammelstads Hostel est situé juste en bordure du village de l'église de Gammelstad, un joyau classé au patrimoine mondial de l'UNESCO datant du 15ème siècle. Cette auberge de style rétro des années 1950 dispose d'une gamme de chambres pour les voyageurs en solo ou les groupes de six, avec des équipements variés allant des toilettes privées aux douches.

Skellefteå, une petite ville qui a gagné une place dans la liste des « 50 plus beaux endroits du monde » du Time Magazine en 2022, est située à environ 130 kilomètres au sud de Luleå. C'est un paradis pour les voyageurs à petit budget et propose une sélection d'auberges et de chambres d'hôtes.

À 130 kilomètres de la côte se trouve Umeå, le soi-disant cœur culturel du nord et connu sous le nom de « ville des bouleaux ». Vous y trouverez une gamme d'auberges et de chambres d'hôtes abordables dans le centre-ville et ses environs.

Découvrez le Norrland YMCA Hostel, situé au centre d'Umeå. Cet endroit, géré par l'association YMCA, dispose de chambres pour une à six personnes, avec petit-déjeuner et tout le nécessaire. Pour un séjour plus rude, le STF Berguddens Fyrvaktarbostäder offre un avant-goût de la vie de gardien de phare sur l'île de Holmön, avec un hébergement simple pour les petits groupes, sans équipements modernes tels que l'eau courante et l'électricité.

Les voyages de ski peuvent être un peu chers, mais les auberges de jeunesse offrent une solution économique. En Åre, la principale station de ski de Suède, il y a plusieurs auberges. Ou vous pouvez envisager Östersund, la ville jumelle d'Åre et une ville de gastronomie de l'UNESCO, qui dispose également d'une variété d'auberges centrales.

Åre Bed & Breakfast est une option confortable, à deux pas des pistes et du centre-ville, et propose 15 chambres pour des groupes de deux à quatre personnes avec petit-déjeuner et service de nettoyage. Situé juste à l'extérieur d'Östersund et faisant partie d'un musée historique en plein air, le Jamtli Hostel propose un séjour unique dans son bâtiment principal, ses appartements rétro et une ferme datant du début des années 1900.

Autre site classé au patrimoine mondial de l'UNESCO, la haute côte suédoise offre le littoral le plus haut du monde et des vues à couper le souffle avec un minimum de foule. Les aventuriers seront ravis d'apprendre qu'il y a environ 50 auberges et chambres d'hôtes dans cette région magnifique.

Un musée en plein air et une attraction populaire sur la haute côte, Mannaminne propose un B & B avec trois chambres pittoresques ou un choix de trois chalets indépendants pour les petits groupes. Vous bénéficierez également d'un accès gratuit au musée. Vindarnas Hus, à deux pas d'Örnsköldsvik, est un majestueux bâtiment en pierre datant de 1911 qui accueille les clients et leurs animaux de compagnie dans ses 17 chambres.

Si vous vous dirigez vers le sud depuis la Haute Côte, vous atteindrez Sundsvall, où il y a aussi une variété d'auberges et de chambres d'hôtes.

Erik-Anders, un B&B situé juste à l'extérieur de Söderhamn, propose cinq chambres doubles avec salle de bains privative, petit-déjeuner et visite guidée de la propriété. Frägsta Hälsingegård, à l'extérieur de Hudiksvall, propose quatre chambres doubles avec petit-déjeuner et un morceau d'histoire à chaque séjour.

Enfin, la province de Gästrikland, à seulement deux heures au nord de Stockholm, regorge d'hébergements économiques, allant d'une gare reconvertie à un pittoresque cottage du XVIIIe siècle.

SUÈDE CENTRALE

Kopparstugans B&B : Située près de la mine de Falun, cette charmante maison en bois rouge construite en 1754 abritait autrefois des mineurs. Il propose aujourd'hui cinq types de chambres, de la chambre simple à la chambre familiale. Le linge de lit, les serviettes et un service de nettoyage sont inclus dans le prix.

Rättviksgården Bed & Breakfast and Hostel : Idéalement situé à Rättvik, c'est une base idéale pour des événements tels que la course de ski Vasaloppet, les concerts de Dalhalla et les festivals du milieu de l'été. L'hôtel dispose de 22 chambres réparties sur trois bâtiments.

Dans le Västmanland, vous trouverez une variété de chambres d'hôtes et d'auberges. Prenons, par exemple, Baggå Skola Café and B&B, l'une des premières écoles publiques de Suède, datant du milieu du 19e siècle. Situé dans le village pittoresque de Baggå, vous pourrez nager, pêcher, faire de la randonnée ou simplement profiter de la nature. Le café propose un délicieux petit-déjeuner et est ouvert pour le fika et le déjeuner en haute saison.

Le comté de Värmland est un trésor de chambres d'hôtes et d'auberges de jeunesse en pleine nature. Que vous soyez à la recherche de sensations fortes en plein air ou d'une retraite tranquille au bord d'un lac, il existe une abondance d'options.

Långberget Hostel : Cette auberge fait partie du célèbre domaine de ski de fond de Långberget et est un centre officiel de la Vasaloppet. Il dispose de 24 chambres, chacune avec un lit superposé, et la plupart acceptent les animaux domestiques.

STF Lurö Hostel : Située au cœur du plus grand archipel d'eau douce d'Europe, cette auberge propose une variété d'hébergements, d'un ancien phare avec sept chambres doubles à diverses cabines pouvant accueillir jusqu'à huit personnes.

Hostales en Estocolmo : la capitale de la Suède offre un large éventail d'hébergements abordables. Bien qu'il n'y ait pas de liste centrale, ces trois auberges sont parmi les plus célèbres et les mieux notées de Stockholm selon Booking.com et Tripadvisor :

Generator Stockholm : Située à quelques pas de la gare centrale, cette auberge de jeunesse au design animé propose une gamme d'hébergements, des chambres doubles aux dortoirs de six lits. Le restaurant de l'hôtel, Hilma, est connu pour ses hamburgers, sa musique house et même ses tatouages.

Skanstulls Hostel : Cette auberge de jeunesse de caractère est située dans le quartier animé de Södermalm, dans le centre de Stockholm. Vous pourrez choisir entre des chambres simples et des dortoirs de 12 lits, certaines chambres disposant d'une salle de bains privative. Le linge de lit et les serviettes de toilette sont fournis.

City Backpackers : Nommée meilleure auberge de jeunesse de Stockholm en 2020 et faisant partie du réseau européen Famous Hostels, elle se trouve à proximité de la gare centrale de Stockholm et offre une variété d'options allant des appartements privés aux dortoirs de 12 lits.

Pour ceux qui recherchent des auberges STF à Stockholm, il y a un mélange de budget et de séjours distinctifs :

STF af Chapman & Skeppsholmen Hostel : Propose deux auberges en un seul endroit sur l'île de Skeppsholmen. Af Chapman, un navire entièrement gréé, est actuellement en cours de rénovation. Skeppsholmen Hostel est situé dans un bâtiment d'artisan et propose des chambres supérieures, des chambres familiales et des dortoirs avec linge de lit, serviettes et nettoyage.

STF Långholmen Hostel : Passez une nuit dans une ancienne prison des années 1840 sur l'île de Långholmen, avec des cellules transformées en chambres doubles et quadruples, certaines avec salle de bain privée.

STF Jumbo Stay : Située à côté de l'aéroport de Stockholm-Arlanda, cette auberge unique dans un jumbo jet 747-200 rénové propose des chambres pour deux ou quatre personnes ou des dortoirs avec draps, serviettes et nettoyage.

Pour une évasion rapide de l'agitation urbaine, l'archipel de Stockholm n'est qu'à quelques minutes en bateau. Parmi les 30 000 îles et récifs, vous trouverez un certain nombre d'auberges et de chambres d'hôtes.

Kastellet Vaxholm : Situé dans une forteresse du XVIe siècle dans l'archipel intérieur, ce B&B propose des chambres individuelles ou familiales avec petit-déjeuner, linge de lit et serviettes.

Grinda Wärdshus : Située sur l'île de Grinda dans l'archipel central, cette maison d'hôtes dispose de Sea Lodges avec des chambres pour deux ou quatre personnes (lits superposés), chacune équipée d'un lavabo et d'eau courante froide.

STF Möja Hostel : Cette auberge familiale primée située sur la grande île de l'archipel extérieur de Möja propose huit chambres, chacune avec deux ou quatre lits.

Étiquette et coutumes culturelles

En Suède, l'étiquette tourne autour du principe de traiter tout le monde de manière égale. Par exemple, il est poli de dire merci pour l'aide de quelqu'un et de rendre des faveurs qui font partie d'un échange de routine.

Lorsqu'il s'agit de service, les Suédois font preuve de patience et d'équité en formant une file d'attente. Prématurément, ce n'est généralement pas acceptable, et dans de nombreux endroits, un système de billetterie est utilisé pour organiser le temps d'attente. Vous prenez un numéro à l'arrivée, et quand il est appelé, c'est votre tour.

Lorsque les Suédois répondent au téléphone, ils se saluent généralement par « Hallå » (« Bonjour ») et disent leur nom.

La ponctualité est cruciale en Suède. Il est mal vu d'arriver trop tôt ou trop tard. Si vous êtes en avance, vous risquez de faire une promenade supplémentaire ou d'attendre l'heure exacte dans votre voiture.

Lorsque les Suédois se rencontrent, ils profitent souvent du « fika », une pause-café avec une collation comme des pâtisseries ou des sandwichs. Cela peut se produire dans les cafés ou à la maison.

Les visites sont programmées à l'avance ; S'arrêter sans préavis n'est pas la norme. On s'attend à ce que vous vous présentiez à l'heure convenue et vous enlevez généralement vos chaussures, surtout en hiver. Les visiteurs pour la première fois ont souvent l'occasion de visiter la maison.

L'hôte offre généralement une boisson, généralement du café, et il est poli de rester pour discuter après le repas. N'oubliez pas de remercier votre hôte avec « Tack för senast » (« Merci pour la dernière fois ») lors de votre prochaine réunion.

À table, lorsque vous avez fini de manger, placez vos ustensiles ensemble dans l'assiette. Ne laissez pas la nourriture non consommée et attendez que l'hôte vous suggère quelques secondes. Vous pouvez poliment refuser ou accepter plus de nourriture. Il est de coutume de remercier l'hôte juste après le repas et d'établir un contact visuel lors du toast.

Si des biscuits sont proposés, en particulier les sept variétés traditionnelles, n'en prenez qu'un de chaque variété pour l'essayer.

Offrir des cadeaux en Suède consiste à ouvrir les cadeaux lorsqu'ils sont reçus, et il est conseillé d'apporter quelque chose pour les enfants de la famille que vous visitez.

CHAPITRE 8 : VOYAGES D'INTÉRÊT SPÉCIAL

Activités pour toute la famille

La Suède est un paradis pour les familles en quête d'aventure, avec un certain nombre de parcs à thème, de centres aquatiques et de réserves naturelles. Chaque coin du pays, du nord enneigé au sud ensoleillé, regorge d'activités passionnantes. Faisons un voyage à travers les hauts lieux de la Suède pour les familles.

Ci-dessus dans le nord de la Suède :

Pite Havsbad en Piteå

Plongez dans ce complexe en bord de mer qui regorge d'activités, d'un parc aquatique à des aires de jeux en passant par un mini-golf. Le Pite Havsbad propose également des soins de spa relaxants et des repas savoureux avec vue sur la mer.

Paradiset en Örnsköldsvik

Préparez-vous à vous baigner dans ce parc aquatique exaltant, qui abrite l'un des plus longs toboggans du pays, le Magic Eye, qui mesure 180 mètres de long. Le paradis dispose également de saunas, de piscines à vagues et d'aires de jeux pour toute la famille.

Holiday Club en Åre

Situé dans la plus grande station de ski de Suède, cet hôtel dispose d'une piscine pleine d'action, d'un bowling et d'un mini-golf. Åre est l'endroit idéal pour skier en hiver ou faire du VTT en été et garantit une aventure à tout moment de l'année.

Himlabadet en Sundsvall

Plongez dans le plaisir de ce parc aquatique familial. Surfez sur la vague de surf intérieure, dévalez des toboggans palpitants ou testez vos compétences sur le mur d'escalade sans plonger.

Vildriket in Järvsö

Découvrez la faune toute l'année à Vildriket, où vous pourrez apercevoir des créatures telles que des lynx, des bœufs musqués et des ours. Le Wolf Hotel offre une expérience unique avec des chambres qui donnent sur l'habitat du loup. Järvsö propose également du ski pendant les mois les plus froids et du vélo alpin lorsqu'il fait plus chaud.

Furuviksparken in Gävle

Ce charmant parc combine attractions aquatiques, manèges à sensations fortes et rencontres avec les animaux. Il est également connu pour une série de concerts d'été animés avec des artistes du monde entier.

En Suède centrale :

Experium en Sälen

Experium offre une ruée vers l'avant avec son ruisseau de surf, son parc aquatique et son spa. Sälen est une destination toute l'année avec du ski d'hiver et des activités estivales telles que le VTT, les parcours d'accrobranche et les sentiers naturels.

Tomteland en Gesunda

Plongez dans le monde magique de Tomteland, situé dans les forêts pittoresques de Dalécarlie. Rencontrez des créatures fantastiques comme des dragons et des gnomes et dites bonjour au Père Noël dans ce cadre parfait.

Leksand Sommarland en Leksand

Ce parc est un trésor d'attractions, des toboggans d'eau vive et des pataugeoires aux zones d'aventure et aux carrousels qui offrent un plaisir non-stop pour tout le monde.

Sunne Sommarland en Sunne

Sunne Sommarland regorge d'émotions et propose des toboggans aquatiques, des piscines, des zones d'aventure et un mini-golf pour une journée de plaisir.

Gröna Lund en Estocolmo

Ressentez l'agitation dans l'un des plus anciens parcs d'attractions de Suède à Djurgården à Stockholm. Grönan Live fait venir des artistes célèbres à des spectacles pendant les mois d'été.

Skansen en Estocolmo

Voyagez dans le temps dans ce musée d'histoire vivante et ce zoo. Rencontrez la faune locale comme les ours et les rennes, et plongez dans l'artisanat traditionnel suédois.

Junibacken en Estocolmo

Entrez dans l'univers fantaisiste d'Astrid Lindgren dans ce musée pour enfants. Profitez d'un voyage en train magique à travers leurs histoires et regardez des émissions quotidiennes mettant en vedette des personnages tels que Fifi Brindacier.

Experimento de Tom Tits en Södertälje

Stimulez l'imagination de votre famille avec des activités interactives de sciences et d'ingénierie. Attaquez-vous à des énigmes et des expériences intrigantes avec plus de 400 expériences à explorer.

Zoológico Parken en Eskilstuna

Rencontrez des animaux exotiques, des lions aux singes, au zoo Parken avec des manèges et des attractions amusants. Ensuite, rafraîchissez-vous dans l'espace piscine, une fin parfaite pour une chaude journée d'été.

Kolmården, près de Norrköping

Préparez-vous pour une journée d'animaux sauvages impressionnants et de manèges à couper le souffle dans le plus grand parc animalier de Scandinavie. Voulez-vous essayer l'une des meilleures montagnes russes en bois d'Europe, Wildfire ? Et pour les plus petits, il y a le royaume magique de Bamse - un ours amical des dessins animés suédois qui reçoit des super-pouvoirs du « Thunder Honey » de sa grand-mère.

Skara Sommarland en Skara

Ressentez le frisson des courses de karting, du ski nautique, du plaisir du parc d'attractions et des éclaboussures dans le plus grand parc aquatique de Scandinavie. Skara Sommarland n'est pas n'importe quel endroit ; C'est un paradis plein d'excitation non-stop pour les enfants et les adultes ayant un penchant pour l'aventure.

Daftöland à Strömstad

Découvrez toute la famille dans ce parc d'attractions en bord de mer. Daftöland vous accueille dans un monde d'attractions pirates de cape et d'épée, plein de rires et de plaisir à faire monter l'adrénaline.

Nordens Arche en Hunnebostrand

Explorez les merveilles de l'arche de Nordens, où vous pourrez vous émerveiller devant des espèces rares et soutenir d'importants travaux de conservation. Votre visite est plus qu'une simple excursion d'une journée. C'est une chance d'apprendre et d'aider à préserver la beauté de notre monde naturel.

Liseberg en Gotemburgo

Faites monter l'adrénaline avec les manèges et les spectacles endiablés du plus grand parc d'attractions de Suède, Liseberg. Partez à la conquête des puissantes Valkyria et Helix et ne manquez pas l'occasion de voir les meilleurs artistes sur scène avec la série de concerts de Liseberg.

Universeum en Gotemburgo

Plongez dans le monde de la science et de la nature avec des expositions interactives dans l'Universeum. Laissez-vous surprendre par la vaste forêt tropicale intérieure ou perdez-vous dans le Wisdome Göteborg, qui abrite le plus grand théâtre entièrement dôme de Suède, pour une expérience immersive.

Kneippbyn en Visby

Profitez d'une journée de plaisir à Kneippbyn, qui est situé sur la magnifique côte de Gotland. Avec des toboggans aquatiques, des zones d'aventure et le monde enchanteur de Pippi, vous pouvez suivre les traces de Fifi Brindacier directement dans la Villa Villekulla originale.

Hoher Chaparral en Kulltorp

Entrez dans le Far West à High Chaparral, un joyau du Småland. Avec des manèges, des spectacles en direct et un avant-goût de la vie de pionnier, vous pouvez siroter un verre dans un saloon ou monter dans une diligence, mmm pour une véritable expérience de cow-boy.

Le monde d'Astrid Lindgren à Vimmerby

Ce charmant parc à thème donne vie aux histoires d'Astrid Lindgren. Vivez les aventures de Fifi Brindacier, Emil von Lönneberga et d'autres personnages bien-aimés dans un environnement qui semble tout droit sorti de leurs livres.

Tosselilla en Tomelilla

Depuis plus de trois décennies, Tosselilla est un endroit populaire pour les amateurs de plaisir. Avec une variété de manèges et l'un des plus longs toboggans aquatiques de Suède, c'est un endroit où la joie ne s'arrête jamais.

Skånes Djurpark en Jularp

Immergez-vous dans la nature au Skånes Djurpark. Rencontrez des prédateurs comme les loups et les lynx et tombez amoureux des mignons animaux de ferme de Scandinavie. De plus, ne manquez pas le premier Shaun the Sheep Land au monde, qui donne vie au plaisir de la célèbre émission de télévision et du film.

Guide de voyage LGBTQ+

La Suède se distingue comme une destination exceptionnellement ouverte et affirmative pour les personnes LGBTQ+. Avec plus de 75 ans depuis la décriminalisation des identités LGBTQ+ et plus d'une décennie d'égalité devant le mariage, l'acceptation sociale de la Suède reflète ou dépasse souvent ses politiques inclusives. Les visiteurs LGBTQ+ trouveront que la Suède est l'un des pays les plus sûrs et les plus accueillants pour leurs voyages.

La Suède est connue dans le monde entier pour son inclusivité LGBTQ+ et est à l'avant-garde des droits des homosexuels. Elle a adopté le mariage homosexuel en 2009, interdit la discrimination fondée sur l'orientation sexuelle en 1987 et plaidé en faveur d'une législation LGBTQ+ progressiste, y compris le droit à l'adoption pour les couples de même sexe et le changement de sexe légal pour les personnes transgenres. Les touristes LGBTQ+ peuvent s'attendre à un environnement convivial, avec des célébrations de la fierté dans des villes telles que Stockholm, Malmö et Göteborg et une scène gay dynamique avec des bars et des clubs bien connus. La culture embrassante, les paysages époustouflants, la cuisine exquise et les racines culturelles profondes du pays en font un endroit de choix pour les visiteurs LGBTQ+ à la recherche d'un voyage sûr et agréable.

Perspectivas de viajes LGBTQ+ para Schür Sweden

ORGULLO DE ESTOCOLMO

La Stockholm Pride a lieu de fin juillet à début août et est le point culminant des événements de la Pride en Scandinavie, attirant environ 60 000 personnes dans la capitale suédoise. L'événement offre une gamme colorée d'activités, avec plus de 150 organisations participant au défilé et au festival.

FESTIVAL DE LA CANCIÓN DE EUROVISIÓN

Bien qu'il ne s'agisse pas officiellement d'un événement LGBTQ+, le Concours Eurovision de la chanson occupe une place particulière dans le cœur de la communauté à travers l'Europe. La Suède, qui a participé 59 fois depuis 1958, est le berceau des icônes de l'Eurovision ABBA. Si vous êtes en Suède pendant la compétition, il est indispensable d'assister à une soirée de visionnage dans un bar LGBTQ+ local.

FESTIVAL INTERNACIONAL DE CINE QUEER

Depuis sa création en 2012, le Cinema Queer International Film Festival de Stockholm est une plateforme pour les films qui abordent les questions LGBTQ+. Le festival vise à diversifier le paysage cinématographique et à susciter des conversations profondes sur les nuances de la culture queer, en mettant en lumière des histoires mmm qui pourraient autrement ne pas être racontées.

MOXY

En tant que plus grand club de femmes queer de Scandinavie, Moxy propose une soirée dansante mensuelle à Stockholm. Le lieu change à chaque fois, il est donc préférable de consulter le site Web pour obtenir les derniers détails.

JARDIN SECRET

Le Secret Garden est un bar LGBTQ+ qui s'adapte à l'heure de la journée. Pendant la journée, c'est un endroit détendu avec une excellente sélection de vins et de cocktails. À la tombée de la nuit, il se transforme en un club animé avec de la musique énergique et des DJs.

Conseils pour les voyageurs en solo

Assurez-vous d'inclure Stockholm dans votre itinéraire suédois. Souvent surnommée la « capitale de la Scandinavie », cette ville déborde d'activité.

Nourriture et boisson

Pour une expérience culinaire suédoise authentique, rendez-vous au Tennstopet, un pub et restaurant historique. C'est l'incarnation du charme, offrant à la fois une cuisine raffinée et une atmosphère de pub traditionnel. Le personnel est chaleureux et compétent, la cuisine est exceptionnelle et les boissons sont de premier ordre. Ce qui ajoute à son attrait, c'est le fait que le même monsieur accueille les invités à la porte depuis des années.

Konstnärsbaren

Affectueusement connu sous le nom de KB, Konstnärsbaren ou The Artist Bar, est un établissement populaire de Stockholm qui s'enorgueillit de ses traditions culinaires et de ses beaux-arts suédois. Des peintures murales d'artistes suédois de renom sont exposées sur les murs et des expositions sont régulièrement organisées. C'est toujours un point chaud huit décennies plus tard, il est donc judicieux de réserver une table.

Restaurante Chine

Si vous avez envie de quelque chose d'un peu différent, rendez-vous au célèbre restaurant China à Södermalm qui propose une vraie cuisine chinoise. Le service est excellent et la nourriture est encore meilleure, attirant les habitants de toute la ville. Conseil d'initié : les lundis sont des soirées canard, où le canard laqué à moitié prix est servi dans un repas de quatre plats.

Ritorno

Au milieu d'une ville pleine de merveilleux cafés, Ritorno se distingue. Niché dans le quartier de Vasastan, c'est l'incarnation même d'un café confortable en hiver et l'endroit idéal pour s'asseoir à l'extérieur par temps chaud. Avec son mélange éclectique de meubles, sa nourriture délicieuse et abordable et certains des meilleurs cafés de la ville, c'est un incontournable. De plus, le propriétaire qui porte un chapeau est une célébrité locale.

Choses à voir et à faire

Djurgården

Djurgården est un délicieux mélange de musées de classe mondiale et de nature pittoresque, en plein cœur de la ville. Que vous fassiez du vélo, du kayak, que vous exploriez le musée Abba, Vasa ou Skansen, ou que vous marchiez tout simplement, c'est une destination idéale pour tous les budgets.

Södermalm

Södermalm est le quartier le plus branché et le plus animé de Stockholm avec des bars branchés, des cafés décontractés et des boutiques uniques. La quintessence de l'expérience Söder se trouve à Nytorg, Medborgarplatsen et Hornstull.

L'Archipel

Pour une excursion d'une journée ou un séjour plus long, prenez un ferry pour l'archipel. Choisissez parmi plus de 30 000 îles, comme la chic Sandhamn avec ses yachts ou l'idyllique Möja, parfaite pour la cueillette de baies et le vélo. C'est une évasion décontractée de la vie urbaine.

Logement

Nobis

Nobis est un hôtel de charme de luxe et un brillant exemple de l'expansion rapide de l'hôtellerie de Stockholm. Il dispose d'un design élégant, d'un bar et d'un restaurant branchés et d'un service impeccable. Son histoire en tant qu'ancienne banque et scène du tristement célèbre braquage du syndrome de Stockholm ajoute à sa fascination.

Lydmar

Le Lydmar a depuis longtemps la réputation d'être l'un des hôtels les plus élégants de Stockholm, connu pour son élégance incomparable. Avec une vue imprenable sur l'eau en direction du Palais Royal et plusieurs bars et restaurants chics, dont une terrasse à tomber par terre aux beaux jours, c'est un excellent choix. Il y a aussi des événements musicaux d'été qui sont parfaits pour socialiser.

Conseils pour explorer Stockholm

Envisagez d'acheter un Stockholm Pass pour bénéficier d'une entrée gratuite à de nombreuses attractions et de la possibilité d'ajouter un billet, idéal pour utiliser les excellents transports en commun de la ville. Cependant, si le temps le permet, vous pouvez opter pour une promenade. Le charme de Stockholm réside dans ses 14 îles et près de 60 ponts, et une promenade est la meilleure façon d'en faire l'expérience.

Restez en sécurité en Estocolmo

Stockholm est l'une des villes les plus sûres au monde, mais il est sage de faire preuve de bon sens. Évitez les promenades nocturnes en solo après avoir bu, gardez votre portefeuille dans une poche avant et restez à l'écart des conducteurs inconnus. Pour des services de taxi fiables, choisissez Taxi Stockholm ou TaxiKurir, qui sont disponibles dans les étals ou arrêtés dans la rue.

Méfiez-vous des vols de téléphones dans les transports en commun. En cas d'urgence, composez le 112, mmm pour aider la police. Ils parlent couramment l'anglais et sont très serviables. Pour les besoins médicaux, tournez-vous vers des établissements de premier ordre tels que les hôpitaux Karolinska ou Södersjukhuset.

Découvrez la Haute Côte

La Haute Côte, classée au patrimoine mondial de l'UNESCO sur le golfe de Botnie, est un joyau caché en Suède. Il offre des paysages époustouflants et est un endroit idéal pour les voyageurs en solo à la recherche d'un mélange de solitude et d'interaction sociale occasionnelle.

Cuisine locale sur la Haute Côte

À Almagränd, sur l'île d'Ulvön, vous pouvez vous préparer à vivre l'expérience emblématique du hareng fermenté. C'est un goût auquel il faut un certain temps pour s'habituer, mais un must si vous êtes dans la région. Si ce n'est pas votre plat, il y a aussi du poisson frais, une sélection à la carte et des pizzas.

Pour une expérience culinaire animée, rendez-vous au Bella Restaurang & Bar à Örnsköldsvik. Fréquenté par les habitants, c'est un lieu de prédilection pour des repas authentiques et savoureux et une atmosphère animée, surtout les vendredis et samedis. C'est un endroit idéal pour se rencontrer et faire une pause dans la solitude.

CHAPITRE 9 : VOYAGE DURABLE EN SUECIA

Hébergement éco-responsable

La Suède se distingue comme une nation avec un fort engagement en faveur de la durabilité et du respect de l'environnement, une caractéristique qui se reflète clairement dans le choix de l'hébergement. Que vous soyez à la recherche d'un hôtel écologique au cœur de la ville ou d'un éco-lodge pittoresque au milieu de la campagne rurale, la Suède offre une sélection variée de séjours écologiques pour les voyageurs soucieux de l'environnement.

Au cœur de la ville : Hôtels verts en Suède :

Les hôtels urbains de Suède ne sont pas étrangers à la reconnaissance de leurs initiatives écologiques. Par exemple, le Nordic Light Hotel en Estocolmo, qui brille par un éclairage économe en énergie et propose à ses clients des produits de bain biologiques.

Stockholm compte également d'autres hébergements respectueux de l'environnement tels que l'hôtel Rival, le Grand Hôtel, le

Radisson Blu Waterfront Hotel et le Scandic Continental, tous connus pour leurs efforts environnementaux.

Retraites rustiques : Eco Lodges à la campagne :

Pour ceux qui ont envie d'un lien plus profond avec la nature, la campagne suédoise est parsemée d'éco-lodges et de retraites rustiques. Kolarbyn Eco Lodge dans le Västmanland est une oasis de nature certifiée où les clients peuvent vivre des aventures en pleine nature et séjourner dans de charmantes cabanes au toit d'herbe rappelant les habitations des hobbits, sans électricité ni douches.

Lindeborgs Eco Retreat à Nyköping transforme une grange vieille de plusieurs siècles en un sanctuaire durable avec une litière biologique et des matériaux naturels. Ici, la détente est primordiale, avec un sauna et un coin salon en carrelage récupéré donnant sur le lac, les pâturages et les jardins.

Pour une retraite tranquille, Swedish Country Living à Dalsland invite ses clients dans des cabanes sans électricité ni eau courante, parfait pour profiter du silence et minimiser l'empreinte écologique.

L'étreinte de la nature : des séjours uniques en Suède :

Le spectre de l'hébergement en Suède s'étend à des options uniques dans la nature, y compris des hôtels flottants, du glamping chic et des cabanes historiques. L'initiative de l'ouest de la Suède « Hållbarhetsklivet » réunit les fournisseurs d'hébergement dans un effort commun en faveur d'un tourisme durable.

Expériences nature certifiées :

L'éco-certification exclusive « Nature's Best » est l'engagement de la Suède en faveur d'un tourisme naturel et culturel responsable. Il existe plusieurs de ces installations reconnues dans le nord de la Suède, telles que le Sápmi Nature Camp, le Geunja The Sámi Eco Lodge et l'Arctic Retreat.

Campings verts :

Les amateurs de camping trouveront les campings respectueux de l'environnement en Suède attrayants, avec des options allant des tentes écologiques aux cabanes et caravanes, tous équipés d'installations écologiques telles que des toilettes sèches, des douches solaires et des centres de recyclage.

Plateformes hôtelières éco-conscientes :

Pour ceux qui réservent à distance, des plateformes telles que Ethik Hotels et Ethical and Sustainable Hotels en Suède proposent une sélection triée sur le volet d'hôtels éthiques et durables en Suède.

En résumé, l'engagement de la Suède en faveur de voyages respectueux de l'environnement est évident dans sa large gamme d'hébergements respectueux de l'environnement. Qu'il s'agisse d'hôtels urbains ou de lodges isolés, le choix de ces options durables aide les voyageurs à réduire leur impact environnemental tout en soutenant l'engagement de la Suède en faveur de l'écotourisme.

Tourisme responsable de la faune et de la flore

Si vous souhaitez rencontrer un orignal majestueux, nicher dans un hôtel cabane dans les arbres ou pratiquer des activités telles que le canoë, le mushing avec des chiens de traîneau, l'escalade, l'équitation ou la pêche, la Suède devrait être votre destination de choix. Cependant, il est essentiel de voyager de manière responsable. Pour aider les voyageurs à choisir des hébergements et des expériences respectueux de l'environnement, la Suède a introduit la certification environnementale « Nature's Best ». En choisissant les services de ces prestataires certifiés, vous vous assurez que votre voyage contribue positivement à la durabilité de l'environnement et des communautés locales.

Préparez-vous pour des aventures écologiques avec le meilleur de la nature

Nature's Best est le label pionnier de l'écotourisme en Europe, garantissant que chaque hébergement ou aventure que vous réservez par l'intermédiaire de ses prestataires certifiés répond à des normes éthiques strictes. Lorsque vous choisissez une entreprise certifiée Nature's Best, vous pouvez être sûr non seulement qu'elle s'engage à protéger l'environnement, mais aussi qu'elle aura un impact significatif sur l'habitat local dans lequel vous vivez ou jouez.

Depuis sa fondation en 2002 par une coalition d'associations de voyageurs, de propriétaires fonciers, de défenseurs de l'environnement, d'ONG, d'agences gouvernementales et d'opérateurs touristiques, Nature's Best a été à l'avant-garde des voyages éthiques.

Nature's Best offre une multitude d'expériences durables qui vous permettent de profiter de la nature sauvage de la Suède tout en soutenant l'économie, la culture et l'environnement locaux. Imaginez-vous en train de naviguer dans la toundra arctique, de construire votre propre radeau en bois dans le Värmland, de camper luxueusement sur la Haute Côte ou d'observer les baleines en Scanie.

Gardez un œil sur le cygne

Lorsque vous réservez un hôtel en Suède, vous faites quelque chose de bien pour la planète et pour vous-même en recherchant un hébergement avec l'écolabel nordique représenté par le symbole du cygne. Plus de 250 hôtels suédois répondent aux normes strictes de cet écolabel de premier plan.

Lorsque vous faites vos courses, recherchez des aliments biologiques certifiés KRAV qui sont fabriqués avec des pratiques de protection de l'environnement et d'éthique. Pour en savoir plus sur le label KRAV, cliquez ici.

De plus, n'utilisez pas les bouteilles d'eau jetables lorsque vous êtes en Suède. L'eau du robinet ici est immaculée et peut être bue partout, il suffit donc d'apporter une bouteille réutilisable à remplir à votre hébergement et de rester hydraté gratuitement.

Découvrez la nature suédoise

Pour de nombreux Suédois, il n'y a rien de mieux que de se détendre dans un chalet d'été, de faire du vélo, de nager dans un lac ou une mer, ou de cueillir des baies sauvages et des champignons dans la forêt.

Grâce au « Allemansrätten » suédois ou droit d'accès au public, tout le monde peut profiter de ces activités dans la nature et plus encore. Cette loi unique donne à chacun la liberté d'explorer la campagne suédoise à sa guise, à condition de respecter et de préserver l'environnement naturel. Cet accès généreux à la nature est l'une des nombreuses raisons alléchantes de visiter la Suède.

Gastronomie durable

1. À Köpings Musteri, niché à Köping, vous trouverez une oasis de cidre certifiée biologique. Ils fabriquent leurs boissons à partir de

pommes provenant du plus ancien verger biologique commercial de Suède. Embarquez pour un voyage gustatif d'une heure et demie et explorez près de 40 variétés de pommes et le processus de fabrication du cidre. Découvrez comment le climat et le sol uniques donnent des saveurs à leurs produits. Terminez votre visite par une dégustation de cidre ou de jus, complétée par une sélection de fromages, de charcuterie et de pains.

Faites l'expérience du « long déjeuner » à Osprey Farm & Studio, situé sur le pittoresque lac Mälaren à Strängnäs. Ce concept célèbre la riche variété de légumes, d'herbes et de fleurs de la ferme. Les chefs invités créent des menus exclusifs en mettant l'accent sur la durabilité. L'expérience est à la fois éducative et un hommage à la créativité qui va au-delà des arts culinaires, offrant un aperçu de l'atelier de céramique et de la conception architecturale d'Osprey.

3. Rejoignez Lisen Sundgren à Stockholm dans une aventure « Mangez les mauvaises herbes », où vous aurez une nouvelle perspective sur les mauvaises herbes du jardin en tant que source de nourriture savoureuse et respectueuse de l'environnement. Pendant que vous êtes à la recherche de plantes comestibles, Lisen vous guidera tout au long du processus. Ces excursions vous emmèneront dans des endroits pittoresques tels que Rosendals

Trädgård, une retraite verte chérie au cœur de Stockholm, et d'autres lieux inspirants à travers la Suède.

4. Adoptez la philosophie du « retour à la nature » avec Swedish Country Living à Köpmannebro, Dalsland. Séjournez dans des maisons de campagne spacieuses ou des cabanes isolées et dégustez des repas préparés à partir d'ingrédients locaux. Vos journées seront remplies de randonnée ou de canoë, et vous aurez des paniers-repas à ramener à la maison. Apprenez-en davantage sur leur approche globale de la nutrition, du mode de vie durable et de l'agriculture régénératrice. Cette retraite a remporté le prix « Expérience » du guide Eat à 360° en 2021.

5. Plongez dans l'expérience « Forêt, nourriture et feu » avec Naturlogi à Linköping. Cet événement consiste à déguster des ingrédients d'origine locale cuisinés sur un feu de camp dans les bois. Séjournez dans des gîtes de charme et laissez-vous dorloter par une carte qui change au fil des saisons et comprend des recettes simples qui mettent en valeur la qualité des produits.

6. Montez à bord avec des ours en mousseline pour une escapade maritime de 4,5 heures dans les bancs de moules du fjord de Lyccorna dans l'ouest de la Suède. Vous plongerez dans le monde des moules, récolterez vos proies, puis apprendrez à les cuisiner. Ensuite, dégustez vos moules frites accompagnées de pain croustillant et d'aïoli maison.

7. Combinez une randonnée pittoresque avec des délices culinaires sur le sentier Gotaleden avec Pathfinder Travels à Lerum. Cette aventure d'un week-end vous emmène de Göteborg à Alingsås, avec des arrêts chez des producteurs et des restaurants pittoresques. Déjeunez au Garveriet à Floda, connu pour ses produits locaux, et visitez le Nääs Fabriker Hotel & Restaurang, situé dans une filature de coton historique sur le lac Sävelången, où vous pourrez également acheter du fromage, du pain, de la bière, des vêtements et des articles de design.

Initiatives de tourisme communautaire

Le tourisme communautaire (TCC) est un type de voyage où les communautés locales sont au cœur de l'expérience touristique. Ils accueillent les visiteurs, dirigent le spectacle et veillent à ce que tout soit géré de manière durable. Ce type de tourisme vise à créer des emplois, à stimuler l'économie locale et à prendre soin de l'environnement. C'est une situation gagnant-gagnant pour toutes les personnes impliquées : les habitants, les voyageurs et la planète.

Se lancer dans une aventure de TCC, c'est se salir les mains et vivre comme un local. Ils ne se contentent pas d'observer depuis les lignes de côté ; Vous faites partie de l'action et apprenez comment les gens vivent leur vie quotidienne. Il faut que ce soit la vraie chose, pas un faux. Et il ne s'agit pas seulement de passer un bon moment ; Il s'agit de faire la différence avec des pratiques respectueuses de l'environnement que vous pouvez réellement voir et mesurer.

Pour ceux qui dirigent des projets CBT, il est très important d'être aux commandes et de garder les bénéfices dans le quartier. Cela permet à tout le monde de rester forte et en bonne santé financière à long terme. Pour s'assurer que les visiteurs passent le meilleur moment, les habitants sont formés pour offrir des expériences de premier ordre.

De nos jours, les voyageurs, en particulier en provenance d'Europe, cherchent à se familiariser avec les détails d'un lieu, à comprendre la culture et à s'assurer qu'ils ne sont pas simplement un autre touriste laissant une empreinte. Les Suédois, en particulier, adorent cette façon de voyager. Ils ont de l'argent à dépenser et adorent planifier leurs voyages en ligne, choisissant souvent des endroits dont leurs amis raffolent.

Dans l'ouest de la Suède, la TCC est la voie à suivre si vous voulez vous familiariser avec la scène locale. Vous pouvez dormir avec une famille, participer à ce que tout le monde fait et monter dans les mêmes bus et trains qu'eux.

En conclusion, la TCC est la vraie affaire pour tous ceux qui veulent voyager d'une manière qui soit bonne pour les communautés et la terre. C'est tout à fait conforme à ce que veulent les explorateurs modernes, en particulier les Suédois culturellement avertis. Lorsque vous choisissez la TCC, votre parcours a un peu plus d'importance, et vous donnez en retour en vous imprégnant de tout cela.

En Suède, la TCC consiste à garder les choses vertes et conviviales, avec les habitants qui prennent les devants. Ils travaillent avec des gens d'affaires, des étudiants et même des experts mondiaux du tourisme pour trouver la meilleure voie à suivre. Grâce au soutien des fonds et des politiques européennes, l'objectif est de maintenir la culture vivante et inclusive pour tous.

Dans le nord de la Suède, le tourisme connaît une croissance constante et responsable. Il s'agit de créer des emplois et de développer les communautés d'une manière durable. Il y a des obstacles, comme le changement climatique, qui gâche les sports d'hiver, mais il y a aussi des choses intéressantes qui se produisent, comme une scène gastronomique qui pourrait vraiment mettre les plats locaux sur la carte. La clé est que tout le monde travaille ensemble, y compris les villes et les responsables du tourisme, pour assurer la prospérité de la région.

Enfin, dans l'ouest de la Suède, sauter dans un corail est un autre excellent moyen de s'imprégner de l'atmosphère locale. Cela fait partie de la magie de la TCC et vous donne l'occasion de rencontrer des gens, de partager des histoires et de voyager d'une manière qui est bonne pour la planète.

CHAPITRE 10 : RESSOURCES UTILES

Frases esenciales en suédois

Salutations en suédois

¡Hola : Hola ! Hola! Hola! Que se passe-t-il!

En Suède, un « Hey ! » décontracté peut servir de salutation formelle, similaire au « Hello ! » anglais. Doubler en disant « Hey, hey ! » ajoute une touche d'informalité et peut aussi signifier « au revoir ».

Pour un « bonjour » amical, vous pouvez utiliser des expressions comme « bonjour », « bonjour » ou « quoi de neuf ? ».

Tripa... : ¡Demain ! ¡Etiqueta ! Soir! Nuit!

« Bon » signifie « Dieu » en suédois, ce qui conduit à des salutations telles que « Bonjour », « Bonne journée », « Bonsoir » et « Bonne nuit », qui peuvent être formelles ou décontractées, selon la façon dont vous les dites.

Lorsqu'elles sont prononcées, ces phrases sont souvent plus courtes, telles que « matin », « jour », « soir » et « nuit ». Le « g » de « Morgen » se tait aussi souvent.

Au revoir : au revoir maintenant ! ¡Bis calvo ! À plus tard!

La façon habituelle de dire au revoir en suédois est « Bye now », qui sonne un peu comme « pâte à modeler ». Vous pouvez également dire : « À plus tard ! » ou « À plus tard ! »

Avant de se séparer, les Suédois voudraient vous souhaiter le meilleur avec « Prenez soin de vous ! », qui est quelque chose comme « Bonne journée ! »

Présentations : Je suis... Qui êtes vous? C'est un plaisir de vous rencontrer !

"¡Hola ! Je m'appelle Christine. Qui êtes-vous ? Se présenter en suédois est assez facile. Une poignée de main accompagne souvent l'introduction.

Répondre par « Ravi de vous rencontrer » est poli, ou vous pouvez simplement dire « Gentil », ce qui est tout aussi poli.

Comment allez-vous : Comment allez-vous ? Que se passe-t-il? Qu'en est-il ?

Bien que « Comment allez-vous ? » soit la façon classique de demander « Comment allez-vous ? » dans des contextes formels, il n'est pas couramment utilisé à moins que vous ne vous enquériez du rétablissement d'une personne d'une maladie. Cela implique le souci du bien-être de la personne.

Le plus souvent, vous entendrez « Quoi de neuf ? » ou « Comment allez-vous ? » Dans les situations occasionnelles, « Quelle est la situation ? » est une façon populaire de dire « Quoi de neuf ? »

Manières : ¡Mer de Maldita ! Veuillez m'excuser! Allez-y!

La politesse suédoise est quelque peu différente de celle de l'anglais. Bien qu'il existe des façons polies de faire des demandes, il n'y a pas de traduction directe pour « s'il vous plaît ». Le mot « merci » peut parfois remplacer « s'il vous plaît ».

Lorsque quelqu'un dit merci, une réponse typique est « Continuez » ou « Ce n'était rien ». Dire « désolé » est tout aussi poli et est utilisé dans des contextes similaires à ceux de l'anglais.

Phrases d'achat en suédois

Achats généraux

Lorsque vous entrez dans un magasin, il se peut qu'on vous accueille et qu'on vous demande si vous avez besoin d'aide : « Voulez-vous de l'aide ? » ou « Avez-vous besoin d'aide pour quoi que ce soit ? » Si vous avez besoin d'aide, dites simplement « Oui, s'il vous plaît ». Si ce n'est pas le cas, « Non merci, je ne fais que naviguer » suffit. Pour exprimer ce que vous voulez acheter, dites : « Je veux acheter...

Les prix sont généralement clairs et incluent la taxe de vente. Pour vous renseigner sur le prix d'un article, demandez : « Combien cela coûte-t-il ? » Recherchez les articles portant la mention « Soldes ! » ou « Prix spécial ! » pour obtenir des réductions mmm.

Lorsque vous êtes prêt à payer, passez à la caisse. Les paiements en espèces deviennent de plus en plus rares à mesure que la Suède s'oriente vers le cashless, c'est donc une bonne idée d'avoir une carte à portée de main.

Documentation et sites Web recommandés

Lectures recommandées et ressources en ligne pour Sweden Explorers

À la recherche d'un hébergement durable en Suède : Pour les passionnés de voyages respectueux de l'environnement, Ethical Hotels présente une sélection d'hébergements soigneusement sélectionnés dans toute la Suède. Cette plateforme vous aide à apporter une contribution positive à l'environnement et à soutenir les communautés locales pendant votre séjour.

Découvrez la Suède avec Wikitravel : Wikitravel offre une mine de connaissances pour les globe-trotters, y compris un trésor d'informations sur la Suède. Ce guide généré par l'utilisateur offre des conseils pratiques sur les endroits où séjourner, se déplacer, les restaurants et les attractions, ainsi que des informations culturelles et des conseils de sécurité.

Envisagez-vous d'étudier en Suède ? Le portail officiel « Étudier en Suède » regorge d'informations sur l'enseignement supérieur suédois, le processus de candidature, les bourses et la vie étudiante. Au-delà des études, il vous emmène également au-delà de l'essentiel de la vie, des soins de santé à la recherche d'un appartement en passant par les événements sociaux locaux.

Les meilleurs conseils pour les visiteurs en Suède en ligne

Lo más destacado de Thrillophilia's Sweden : Vous voulez vivre une aventure suédoise inoubliable ? Thrillophilia propose une compilation de lieux, d'attractions et de visites incontournables, avec des critiques et des suggestions d'autres voyageurs.

Hébergement éco-responsable avec Travelmyth : Pour ceux qui préfèrent les voyages respectueux de l'environnement, le moteur de recherche d'hôtels de Travelmyth vous permet de vous concentrer sur des séjours respectueux de l'environnement. Découvrez une variété d'hébergements durables, des hôtels aux chambres d'hôtes, en passant par les auberges et les campings à travers la Suède.

Voyager en Suède avec Misterb&b : Le guide de voyage gay en Suède de Misterb&b s'adresse à la communauté LGBTQ+ et constitue votre guichet unique pour obtenir des informations sur la scène LGBTQ+ locale dynamique, les points chauds, les événements et les sites culturels, afin de garantir un voyage à la fois agréable et inclusif.

Grâce à ces outils, les explorateurs peuvent s'immerger dans le mode de vie suédois, découvrir le patrimoine et les points forts du pays, tout en obtenant des conseils de voyage astucieux et en s'enthousiasmant pour le tourisme respectueux de l'environnement.

Applications de voyage pour explorer la Suède

Avant d'embarquer pour votre séjour en Suède, vous devriez télécharger quelques applications pour faciliter votre exploration.

Apprendre des langues avec Duolingo : Bien que la Suède ait un niveau d'anglais élevé, parler la langue locale est toujours une bonne idée. Duolingo est l'application parfaite pour apprendre des phrases mmm suédois pour les interactions quotidiennes, comme commander un fika (pause-café) ou demander si quelqu'un parle anglais.

Traductions instantanées avec Google Translate : Combinez Duolingo avec Google Translate pour les moments où vous êtes confronté à un texte exclusivement suédois. Que vous tapiez des mots ou que vous utilisiez l'appareil photo de l'application pour une traduction instantanée, c'est comme si vous aviez un interprète personnel dans votre poche.

Vous voyagez en train ? Téléchargez l'application SJ : Si vous prévoyez de voyager à travers la Suède ou même dans les pays scandinaves voisins, l'application de train SJ est indispensable. Il vous connecte à un vaste réseau de villes et de villages, ce qui facilite les réservations et vous tient au courant des horaires des trains. Avec cette application, vous serez prêt à conduire de Stockholm à Göteborg ou même à faire un voyage pittoresque pour voir les aurores boréales à Abisko.

Vous prévoyez un séjour plus long en Suède ? Assurez-vous d'obtenir l'application SL pour une navigation fluide dans le vaste réseau de transport de Stockholm. Bien que les centres-villes soient accessibles à pied, vous trouverez peut-être des destinations difficiles d'accès. Dans ces cas-là, prendre le métro ou le bus peut vous faire gagner un temps précieux. L'application affiche facilement la durée du voyage et vous aide à planifier votre journée avec précision. Vous pouvez acheter vos billets via l'application ou, si vous préférez, obtenir une MetroCard physique, surtout si vous allez rester dans les parages pendant une période prolongée.

Suède : Naviguer dans les détails de l'aéroport à l'étranger peut être fastidieux, mais Swedavia simplifie tout. Cette application regroupe les informations de tous les aéroports suédois, affiche les arrivées et les départs des vols, et vous permet même de réserver des places de parking à l'avance. C'est incroyablement pratique, surtout si vous prévoyez des vols intérieurs en Suède.

Vous cherchez des conseils de voyage ? Triposo est votre guide de voyage pour presque toutes vos demandes de voyage. Il vous aide à trouver des hôtels, à découvrir des restaurants et des pubs locaux et à mettre en évidence les sites et les activités de votre ville de destination. La cerise sur le gâteau est la fonctionnalité hors ligne qui vous permet d'accéder à l'application sans connexion Internet.

Västtrafik : Si vous êtes à Göteborg, passez à Västtrafik, l'équivalent de SL dans cette ville. Vous trouverez ici tous les détails sur les trams et les bus, y compris les itinéraires, les directions et les temps de trajet. C'est un excellent outil pour planifier vos aventures à travers la ville, et tout comme SL, vous pouvez acheter des billets directement depuis l'application.

XE Currency Converter : La conversion de devises est indispensable lors de vos achats ou de l'utilisation de services en Suède. Le convertisseur de devises XE fournit les taux du marché en temps réel et vous assure d'obtenir la conversion la plus précise. Il est convivial, vous saurez donc exactement combien vous dépensez lorsque cela se produit. Le taux de change entre le dollar américain et la couronne suédoise peut varier légèrement tous les quelques mois. À l'heure actuelle, il est d'environ 1 $ à 9,09 SEK.

Coordonnées des centres d'information touristique

Estocolmo :

Contact Visitez le centre d'appels de Stockholm par e-mail au touristinfo@stockholm.se ou par téléphone au +46(0)8-508 28 508. Restez connectés via leurs réseaux sociaux sur Facebook à facebook.com/visitstockholm et Instagram à instagram.com/visitstockholm.

Besoin d'aide avec Royal Djurgården ? Passez chez Djurgårdsvägen 2, envoyez-info@royaldjurgarden.se un e-mail ou appelez-les au +46(0)8-667 77 01.

Vous recherchez des circuits et des billets pour Gare centrale de Stockholm ? Vous pouvez les trouver sur Centralplan 15, par e-mail à stockholm@tourismgroup.com ou par téléphone au +46(0)76-196 92 33.

Macareux:

Des informations sur Lund peuvent être obtenues par e-mail à l'Office du Tourisme de Lund au info@lundturism.se ou par téléphone au +46(0)46-35 00 00.

Götemburgo :

Contactez le centre d'accueil des visiteurs de Göteborg par e-mail au turistinfo@goteborg.com ou par téléphone au +46 31 368 42 00. Suivez-les sur Facebook au facebook.com/goteborg et Instagram au instagram.com/goteborg.

Trollhättan et Vänersborg :

Contact Visit Trollhättan Vänersborg par e-mail à Maria Engström-Weber, directrice générale, au maria.engstromweber@visittv.se ou par téléphone au +46(0)738 33 93 55. Lina Katana, responsable de l'office du tourisme de Trollhättan, peut être contactée au +46(0)72 501 ou sur le site web à l'adresse www.visittv.se.

Ces centres sont votre lieu de prédilection pour obtenir des conseils personnalisés, de l'aide pour les réservations, des détails sur les transports, des estimations de coûts et des informations sur les attractions locales, les événements, les activités, les visites, les divertissements, l'hébergement, les restaurants, etc. Ils proposent une connexion Wi-Fi gratuite, des brochures, des cartes et des souvenirs. Certains centres proposent également des visites guidées, des services d'accueil et des certifications de guide de la ville.

ITINÉRAIRE DE DEUX SEMAINES : AVENTURE EN SUÈDE

Etiqueta 1-3 : Estocolmo

Jour 1 : Atterrissez à Stockholm, installez-vous dans votre logement et promenez-vous dans Gamla Stan. Visitez le palais royal et la cathédrale de Stockholm.

Etiqueta 2 : Dirigez-vous vers l'île de Djurgården et visitez le musée Vasa, Skansen et le musée ABBA. Dans l'après-midi, faites une excursion en bateau à travers l'archipel de Stockholm.

Jour 3 : Plongez dans l'art de Stockholm au musée Fotografiska et au Moderna Museet. Découvrez la ville d'une nouvelle manière lors d'une croisière sur les canaux.

Etiqueta 4-6 : Göteborg

Jour 4 : Rendez-vous à Göteborg et promenez-vous dans Haga tout en dégustant un fika tranquille.

Etiqueta 5 : Explorez le musée maritime et naviguez sur les canaux de la ville. Visitez Liseberg pour vous amuser au parc d'attractions.

Jour 6 : Dirigez-vous vers l'archipel pour une journée à explorer l'île, à faire du kayak ou à vous détendre sur la plage.

Etiqueta 7-9 : Laponie suédoise (Kiruna)

Etiqueta 7 : Envolez-vous pour Kiruna et visitez l'hôtel de glace. Essayez le traîneau à chiens ou la motoneige.

Jour 8 : Chassez les aurores boréales la nuit et plongez dans la culture sami autour d'un dîner au coin du feu.

Jour 9 : Faites une croisière brise-glace et visitez le parc national d'Abisko, mmm pour profiter d'une vue imprenable sur l'Arctique.

Jour 10-12 : Malmö et la région de l'Øresund

Etiqueta 10 : Train pour Malmö, mmm pour voir le Torse tournant et la plage de Ribersborg.

Jour 11 : Excursion d'une journée à Lund à la cathédrale et à l'université. Profitez de la vie nocturne de Malmö.

Jour 12 : Traversée vers Copenhague pour une excursion d'une journée, puis retour à Malmö.

Etiqueta 13-14 : Uppsala et départ

Jour 13 : Train pour Uppsala à la cathédrale, Viking Hills, et Linnaeus Garden.

Etiqueta 14 : Achetez des souvenirs à Uppsala avant de rentrer chez vous.

Réflexions sur votre séjour en Suède

La Suède est un trésor de splendeur naturelle, de profondeur historique et de flair contemporain. Des pavés de Stockholm à la nature sauvage de la Laponie, il y a une découverte pour chaque randonneur. Que vous soyez fasciné par les aurores boréales, attiré par l'histoire viking ou à la recherche de la cuisine suédoise, la Suède ne manquera pas de laisser une impression indélébile.

Invitation à une exploration plus poussée

À la fin de votre voyage en Suède, pensez à la myriade d'expériences qui vous attendent. Peut-être reviendrez-vous pour le soleil de minuit ou le tapis d'automne des bois. Chaque saison vous envoûte et vous invite à vous plonger plus profondément dans les merveilles de la Suède. Gardez l'esprit de découverte vivant et laissez la Suède alimenter votre envie de voyager pour les années à venir. À votre prochaine aventure !

Printed in France by Amazon
Brétigny-sur-Orge, FR

20215009R00097